Think tank 智库
重庆综合经济研究文库
分析宏观形势 · 预测区域发展 · 提供决策服务 · 建设一流智库

成渝地区打造具有全国影响力的改革开放新高地研究

易小光
丁　瑶　等著
余贵玲

中国经济出版社
CHINA ECONOMIC PUBLISHING HOUSE
北 京

图书在版编目（CIP）数据

成渝地区打造具有全国影响力的改革开放新高地研究 / 易小光等著. --北京：中国经济出版社，2021.11
ISBN 978-7-5136-6752-4

Ⅰ. ①成… Ⅱ. ①易… Ⅲ. ①区域经济发展-研究-成都 ②区域经济发展-研究-重庆 Ⅳ. ①F127.711 ②F127.719

中国版本图书馆 CIP 数据核字（2021）第 250575 号

策划编辑 姜 静
责任编辑 郑 潇
责任印制 马小宾
封面设计 久品轩

出版发行 中国经济出版社
印 刷 者 北京艾普海德印刷有限公司
经 销 者 各地新华书店
开　　本 710mm×1000mm 1/16
印　　张 9.25
字　　数 140 千字
版　　次 2021 年 11 月第 1 版
印　　次 2021 年 11 月第 1 次
定　　价 78.00 元
广告经营许可证 京西工商广字第 8179 号

中国经济出版社 **网址** www.economyph.com **社址** 北京市东城区安定门外大街 58 号 **邮编** 100011
本版图书如存在印装质量问题，请与本社销售中心联系调换（联系电话：010-57512564）

课题组成员

组　长

易小光　重庆市综合经济研究院院长、研究员

副组长

丁　瑶　重庆市综合经济研究院总经济师、研究员

技术负责人

余贵玲　重庆市综合经济研究院处长、研究员

主　研

邓兰燕　重庆市综合经济研究院处长、研究员

苟文峰　重庆市综合经济研究院处长、副研究员

李　权　重庆市综合经济研究院副处长、高级经济师

赵炜科　重庆市综合经济研究院副处长、高级经济师

李　林　重庆市综合经济研究院副研究员

陈　殊　重庆市综合经济研究院助理研究员

前 言

成渝地区历来受到党中央、国务院的高度关注。从2011年《成渝经济区区域规划》的发布到2016年《成渝城市群发展规划》的出台，关于成渝地区的发展定位不断清晰。2020年1月3日，习近平总书记主持召开中央财经委员会第六次会议，作出推动成渝地区双城经济圈建设、打造高质量发展重要增长极的重大决策部署，提出要把成渝地区建设成为具有全国影响力的重要经济中心、科技创新中心、改革开放新高地、高品质生活宜居地（“两中心两地”），把成渝地区建设成为具有全国影响力的改革开放新高地被提到前所未有的高度。以区域经济发展相关理论为基础，借鉴国内外典型地区改革开放实践经验，立足成渝地区的改革开放基础，分析新时期成渝地区改革开放面临的环境和需求，提出成渝地区建设具有全国影响力的改革开放新高地的思路、路径及对策，是当前成渝地区建设需要深入研究的一个重大课题。

为此，重庆市综合经济研究院成立了以易小光研究员为组长的课题组开展专项研究。课题研究历时一年半，课题组成员反复研讨、多方论证、几易其稿，最终形成了本研究成果。

本书梳理了区域经济发展、对外开放理论及政策创新，分析了日本、韩国、新加坡、越南等国家的改革开放实践经验，总结了京津冀、长三角、珠三角等我国东部沿海地区改革开放经验，对成渝地区改革开放重大举措及成效、存在的问题及成因做了深入分析，并结合新时期我国改革开放总要求、国家对成渝地区双城经济圈建设的新要求，阐述了成渝地区改革开放的新需求。在此基础上，研究提出了成渝地区建设具有全国影响力的改革开放新高地的总体思路和具体路径：一是突出重点，从增强开放平台集聚辐射力、提高内外互联互通水平、发挥枢纽经济牵引作用、创新区域合作新模式、提升城市国际化水平、加快完善开放体制机制等方面推动改革开放再上新台阶；二是弥补短板，从积极探索经济体制市场化改革、深化城乡融合发展机制改革、深化生态文明体制改革、深化社会民生体制改革等方面创新高质量发展体制机制；三是注重协同，从推动要素市场、制度体系、营商环境、社会治理等方面的一体化进程促进区域一体化发展，最后提出要强化机制、政策、项目等方面的保障。

由于课题组成员研究水平有限，书中难免存在不足之处，敬请广大读者批评指正。关于改革开放的研究永无止境，希望本书能为成渝地区建设具有全国影响力的改革开放新高地提供决策参考。

课题组

2021 年 8 月

目　录

引　言

党中央、国务院高度重视成渝地区发展，并不断提升其在国家发展战略格局中的地位。2003 年，国家发展改革委关注并提出开展成渝地区研究，2011 年发布《成渝经济区区域规划》，2016 年发布《成渝城市群发展规划》，2020 年 1 月 3 日，习近平总书记主持召开中央财经委员会第六次会议，作出推动成渝地区双城经济圈建设、打造高质量发展重要增长极的重大决策部署，会议指出“推动成渝地区双城经济圈建设，有利于在西部形成高质量发展的重要增长极，打造内陆开放战略高地，对于推动高质量发展具有重要意义。要尊重客观规律，发挥比较优势，推进成渝地区统筹发展，促进产业、人口及各类生产要素合理流动和高效集聚，加强重庆和成都的中心城市带动作用，使成渝地区成为具有全国影响力的重要经济中心、科技创新中心、改革开放新高地、高品质生活宜居地（‘两中心两地’），助推高质量发展”。2020 年 10 月，《成渝地区双城经济圈建设规划纲要》出台，对成渝地区双城经济圈建设进行整体谋划和推进。该纲要对改革开放新高地战略定位，提出要积极推进要素市场化改革，科研体制、跨行政区经济社会管理等重点领域改革。依托东向、南向、西向、北向大通道，扩大全方位高水平开放，形成“一带一路”、长江经济带、西部陆海新通道联动发展的战略性枢纽，成为区域合作和对外开放的典范。

从历史、现实、理论的视角，从国家、成渝、重庆的层面，从区域经济发展相关理论及实践出发，分析成渝地区改革开放发展的基础、短板、条件，外部环境及发展需求，提出改革开放新高地建设的新思路、新路径、新举措，寻求新突破，激发新动能，体现高引领，对于加快推动落实国家对成渝地区建设的战略部署具有重要的理论探索价值、重大而紧迫的现实意义。

第一章

区域经济发展相关理论及实践

第一节　相关理论基础

理论是实践的基点，也是创新的起点。相关经济理论和我国改革开放40多年持续发展中形成的全方位对外开放理论体系，为我国区域经济发展提供了重要理论基础。

一、经济发展理论

实践是理论的基础，理论是实践的总结升华。制度经济学、发展经济学、区域经济学等理论是促进区域经济发展的重要理论支撑。

制度经济学（Institutional Economics）把制度这一元素作为研究对象的经济学重要分支，主要研究经济行为和经济发展中“制度”的影响作用以及“制度”的演变规律。以沃尔顿·汉密尔顿为代表的早期的制度经济学家，将制度作为研究重点和分析对象，更加关注制度分析在科学阐释经济和社会变革客观规律中的作用，更加关注制度的变迁和演化，更加关注可能会引起制度变迁的多种因素。“二战”后，制度主义所倡导的“社会控制”手段，被凯恩斯经济学提倡的货币政策、财政政策等所取代，制度研究随之也面临寒潮。直到20世纪70年代以后，随着凯恩斯主义的衰落，科斯、威廉姆森、德姆塞茨等提出“新制度经济学”，用于区别早期的制度经济学。新制度经济学是西方经济学流派中重要的组成部分，制度作为外生变量的研究惯性被终止，取而代之的是把制度作为经济发展的内生动力，其核心理论就是产权和交易成本，主要包括制度变迁理论、交易费用理论、产权理论、企业理论、人力资本产权理论等经典理论。新制度经济学的理论表明，制度在国家和区域经济运行中作用巨大。我国改革开放的实践也表明，产权制度的明晰是发展社会主义市场经济的前提。建立和完善社会主义市场经济体制，就是要发挥公有制和市场经济两种制度各自的优势，最大程度地规避计划经济的弱点，取长补短，确保社会主义市场经济体制改革顺利进行。

发展经济学（Development Economics）是一门综合性经济学分支学科，大约是在20世纪40年代后期形成的，主要的研究对象是发展中国家的经济发展问题、农业国家向工业化发展问题。这一致力于研究发展中国家经济发展问题的学科，最早萌发于西方发达国家，并逐步走向成熟，是以经济发达国家为参照，提出从落后向发达的发展过程，具有鲜明的“俯视”特征。早期的结构主义分析思路和后来的新古典主义分析思路，均遵循了这一研究思路。我国改革开放40多年的巨大成就，从实践的角度促成了发展经济学扎实地立足于发展中国家、农业国家的发展实践，研究讨论以中国为代表的发展中国家的经济发展问题。可以说，发展经济学推进了中国的发展进程，中国改革开放以来的快速发展实践也丰富繁荣了发展经济学这门学科。尤其是随着我国经济的快速发展和开放体系的逐步完善，中国发展过程中出现的如农民工问题、城乡二元结构问题等逐步成为发展经济学的研究核心。以中国为研究对象和参照系，进一步对发展中国家的经济发展进行研究，也成为当代发展经济学的主流。

区域经济学（Regional Economics）是经济学与地理学相互交叉形成的一门学科，是从经济学角度研究区域经济发展与区域关系协调的科学，是解释区域与经济相互作用规律的科学。在推动区域开放发展过程中，区域一体化相关理论为实现区域一体化有序发展提供重要的指导。区域分工与协作理论是社会分工理论在空间上的体现，最初用于分析国际分工与贸易，后被区域经济学广泛运用到国内不同空间尺度的区域协作，其中比较优势理论和要素禀赋理论是两大核心理论基石。比较优势理论从生产相对成本的视角阐述了国际（区域）分工生产和经贸合作的必要性。要素禀赋理论从资源要素的角度扩充了比较优势来源，各区域生产要素禀赋条件存在天然差异，是各区域比较优势的基础来源，也是产生区域分工和贸易的基本原因。大市场理论从规模经济效应、投资刺激效应、竞争促进效应等动态效应视角探讨了共同市场对区域经济一体化的重要性，是跨国经济合作的基础理论，对国内跨区域合作也具有重要借鉴意义。其他如区域均衡理论、中心外围理论、增长极理论以及梯度发展理论等均是较为典型的区域经济理论的基础。新中国成立以来，“自东向西，由边及里”的“港口—腹地”开发开放模式，以及以重点核心城市建设辐射周边区域发展的增长极，从均衡发展（1949—1978 年改革开放前）、非均衡发展（1978—1990 年）再到区域协调发展（1991 年以来）的实践均表明，对外开放在促进区域协调发展中发挥着十分重要的作用。

国际贸易（International Trade）理论是研究国际贸易产生的原因，贸易利益、贸易格局变动的理论。1776 年，亚当・斯密在《国富论》中首次较为系统地提出了国际贸易理论。随着经济理论框架的逐步完善和全球经济的快速发展，国际贸易理论进一步得到完善和拓展，先后经历了以亚当・斯密和大卫・李嘉图为代表的古典贸易理论、以赫克歇尔和俄林为代表的新古典贸易理论、以克鲁格曼为代表的新贸易理论与以杨小凯为代表的新兴古典贸易理论（内生贸易理论）四个阶段。其中，古典贸易理论从劳动生产利率的角度对国际贸易产生的原因、结构和利益分配做了初步阐释；新古典贸易理论侧重于从生产要素禀赋的角度来解释国际贸易的发生以及贸易均衡条件的实现；新贸易理论为解释新国际贸易现象奠定全新的理论基础；新兴古典贸易理论的最大贡献就是研究对象的变化，试图在既定理论模型框架内，以技术与经济组织的相互影响及变化为靶向，在新兴古典贸易理论框架下实现传统的贸易理论和新贸易理论的有机统一。改革开放以来，中国的国际贸易开始了跨越式发展，也使得我国深度融入了全球产业链、供应链、价值链。尤其是 2001 年我国加入世界贸易组织后，中国对外贸易飞速增长，国际地位得到快速提升。

新经济地理学（New Economic Geography）又名空间经济学，是以克鲁格曼为代表的经济学家，以边际收益递增、不完全竞争与路径依赖为基础，拓展分析经济活动的空间集聚与全球化等经济现象，借此开创的理论研究领域。在研究方法上，新经济地理学大多沿用的是数量经济学的分析方法，将现实存在的经济现象和空间演变，通过抽象表达和数量设定模型化，如“中心—外围”模型、国际专业化模型、全球化和产业扩散模型等，主要研究的是经济活动在既定空间上的集聚现象，关注的是区域增长集聚的动力。新经济地理学的出现，在经济学看来，是把空间的概念和视角引入经济分析模型；在地理学看来，是把微观的经济现象和引导机制引入地理分析系统中。在此基础上，沿用规模经济、报酬递减和不完全竞争等假设条件予以分析区域经济发展的现象问题。新经济地理学的出现和发展，是基于经济全球化和区域一体化实践中主流经济学理论解释现有经济现象时遇到诸多问题的背景下提出的，客观上是为了进一步解释经济全球化这一经济现象而出现的。改革开放是我国在全球一体化发展背景下作出的重大战略决策，通过推动经济体系融入世界、市场体系对接全球，发挥比较优势，实现在区域一体化和经济全球化发展中增强综合国力和在全球经济体系中发挥更大作用的目标。

马克思主义开放思想是马克思主义的重要组成部分。马克思、恩格斯是世界上最早提出全球化、国际化概念，并作出相应阐述的思想家。对国际贸易、国际分工、世界市场、对外开放等的重要表述是马克思主义开放思想的主要内容。毛泽东同志指出，“一切民族、一切国家的长处都要学，政治、经济、科学、技术、文学、艺术的一切真正好的东西都要学。但是，必须有分析有批判地学，不能盲目地学，不能一切照抄，机械搬运”。① 20 世纪 70 年代后期，和平与发展成为世界主题，改革开放总设计师邓小平同志系统总结和回顾了我国社会主义建设的经验和教训，并提出改革开放的伟大战略决策。强调要采用“摸着石头过河”的方式方法，一边实践、一边总结、一边创新、一边提升，逐步形成并完善较为完整的社会主义改革开放理论体系。邓小平同志改革开放思想由改革也是解放生产力、改革和开放一体、改革是社会主义自我完善和自我改革、改革是第二次革命、坚持改革的社会主义方向等一系列相互联系的观点和论断构成。党的十八大以来，形成了习近平新时代中

① 毛泽东著作选读（下册）［M］. 北京：人民出版社，1986：740.

国特色社会主义思想，形成了改革开放是决定当代中国命运的关键一招，没有改革开放就没有当代中国的发展进步；改革开放只有进行时，没有完成时；中国特色社会主义在改革开放中产生，也必将在改革开放中发展壮大①等思想论断。从马克思主义、列宁主义到毛泽东思想、邓小平理论、“三个代表”重要思想、科学发展观、习近平新时代中国特色社会主义思想，改革开放的理论体系逐步丰富和完善，逐步中国化，成为指导新时代中国深化改革开放的核心理论基础。

二、我国对外开放理论与政策创新

1978 年 12 月，党的十一届三中全会作出了把党和国家的工作重心转移到社会主义现代化建设上来的战略决策，标志着中国从此进入改革开放的历史新时期，迎来了具有深远意义的伟大转折。40 多年来，我国的改革开放取得了举世瞩目的成就，考虑到成渝地区一体化发展的现实诉求，我们将重点聚焦于梳理我国的对外开放和区域开发相关理论探索与政策创新。

从经济特区到沿海开放城市再到沿海经济开发区渐次形成全方位对外开放格局。创办经济特区是我国改革开放的伟大创举。1978 年实行改革开放后，国家先后设立了广东宝安、珠海出口基地，蛇口工业区和深圳、珠海、汕头出口加工区，明确对外经济活动实行特殊政策和灵活措施，决定让广东、福建两省先走一步，把经济尽快搞上去，设置深圳、珠海、汕头、厦门经济特区，经济特区很快就成为国家改革开放的重要窗口。邓小平同志指出：“我们建立经济特区，实行开放政策，有个指导思想要明确，就是不是收，而是放。”“特区是个窗口，是技术的窗口，管理的窗口，知识的窗口，也是对外政策的窗口。”1984 年、1985 年，国家先后开放大连、秦皇岛等 14 个沿海港口城市，将长江三角洲（简称长三角）、珠江三角洲（简称珠三角）和闽南厦漳泉三角地区划为沿海经济开放区，在全国范围初步形成了多层次、有重

---

① 赵曜．马克思主义的改革开放思想和我国的改革开放理论与实践［J］．中国浦东干部学院学报，2018（5）：6-11.

点、点面结合的对外开放格局，在沿海地区形成包括2个直辖市、25个省辖市、67个县共约1.5亿人口的对外开放前沿地带。1988年，国家决定适当扩大沿海经济开放区，新划入杭州、南京、沈阳3个省会城市140个市、县，正式批准设立海南省和建立海南经济特区。1990年，国家批准开发开放上海浦东，在浦东实行经济技术开发区和某些经济特区政策，对外开放步伐进一步加快。在推动对外开放过程中，党中央敏锐观察和牢牢把握住经济全球化不可逆转的发展趋势，党的十四大后提出对外开放的地域要扩大，扩大开放沿海城市和内陆边境城市、沿江城市和省会城市，建立一批经济技术开发区和保税区，明确以上海浦东新区为龙头带动长江流域经济起飞。到1997年从沿海到沿江、从沿边到内陆，多层次、多渠道、全方位开放的新格局逐步形成。

国际国内两个市场、两种资源理论和“引进来”“走出去”战略。邓小平同志指出：“总结历史经验，中国长期处于停滞和落后状态的一个重要原因是闭关自守。经验证明，关起门来搞建设是不能成功的，中国的发展离不开世界。”党的十一届三中全会确定了我国对外实行开放、对内搞活经济的重大战略，提出我国社会主义现代化建设需要利用两种资源（国内资源和国外资源）、打开两个市场（国内市场和国际市场）、学会两套本领（组织国内经济建设和发展对外经济关系）。改革开放以来，我国通过积极引进国外的资金和先进技术、管理经验发展自己，“引进来”战略已取得了很大成绩。随着我国经济实力的增强和经济全球化的加速发展，必须不失时机地大胆“走出去”，以充分利用好国际国内两种资源、两个市场。1997年，江泽民同志指出，“引进来”和“走出去”是我国对外开放基本国策两个紧密联系、相互促进的方面，缺一不可。2000年，党的十五届五中全会提出“实施‘走出去’战略，努力在利用国内外两种资源、两个市场方面有新的突破”。我国的对外开放战略从“引进来”为主发展为“引进来”和“走出去”战略相结合，鼓励外资更多地投向高技术产业、现代服务业、高端制造环节、基础设施和生态环境保护等，投向中西部地区和东北地区等老工业基地，从政策、资金、配套服务等方面支持具备条件的企业对外投资和跨国经营，在全球整合资源链，提高企业在研发、生产、销售等方面的国际化水平，促进了我国开放型经济的发展，也加快了我国经济融入全球化进程。2013 年，国家正式批准设立中国（上海）自由贸易试验区，此后，自贸试验区试点逐步扩大，形成了一批可复制、可推广的政策，拓展了我国改革开放的空间；同年秋，习近平总书记提出共建“丝绸之路经济带”和“21 世纪海上丝绸之路”倡议，“一带一路”倡议是我国扩大开放的重大举措，更是探索全球治理新模式、推动构建人类命运共同体的新平台，为我国和世界经济增长开辟了新空间。

促进区域、城乡协同发展理论和西部大开发等区域战略，城市群、都市圈一体化发展战略。区域、城乡发展不平衡，是制约我国经济社会发展的突出问题。早在 1988 年，邓小平同志就提出“两个大局”的战略构想，即“沿海地区要加快对外开放，使这个拥有两亿人口的广大地带较快地先发展起来，从而带动内地更好地发展，这是一个事关大局的问题。内地要顾全这个大局。反过来，发展到一定的时候，又要求沿海拿出更多力量来帮助内地发展，这也是个大局。那时沿海也要服从这个大局”。党的十五届四中、五中全会作出决定部署，2000 年 10 月西部大开发战略全面启动实施，国家制定出台有关财税、金融、外资外贸、吸引人才和科技教育等方面的具体政策，加大对西部地区的财政转移支付力度，优先安排基础设施建设和能源等重点工程，推动西部地区经济社会加快发展。科学发展观提出后，国家对统筹区域、城乡发展作出一系列重大部署，振兴东北地区等老工业基地、促进中部地区崛起、推动东部率先发展等重大决策先后实施。党的十八大以来，国家深入实施区域重大战略，提出加快推动京津冀协同发展、全面推动长江经济带发展、积极稳妥推进粤港澳大湾区建设、提升长三角一体化发展水平、扎实推进黄河流域生态保护和高质量发展等战略，要求健全更加有效的区域协调发展新机制，推动西部大开发形成新格局、推动东北振兴取得新突破、开创中部地区崛起新局面、鼓励东部地区加快推进现代化等。同时，随着区域重大战略推进实施，以城市群为主体的城镇化空间格局总体形成，城市群集聚人口和经济的作用持续显现，推动城市群特别是跨省区城市群基础设施互联互通、公共服务共建共享、生态环境共保共治、产业与科技创新协作的现实需求凸显；在城际铁路、市域（郊）铁路、城际公交加快建设背景下，便捷通勤网络逐渐形成，城市群内部建设以超大特大城市或辐射带动功能强的大城市为中心、以1小时通勤圈为基本范围的一体现代化都市圈的形态格局确立，都市圈一体化发展态势更加明显。

新发展阶段、新发展理念引领下加快构建新发展格局。当前，我国正站在新的历史起点上，处于全面建成小康社会、开启全面建设社会主义现代化国家的新发展阶段。我国发展必须完整、准确、全面贯彻创新、协调、绿色、开放、共享的新发展理念，推动并实现高质量发展。2020年4月，习近平总书记提出构建以国内大循环为主体、国内国际双循环相互促进的新发展格局。党的十九届五中全会进一步作出了全面部署，指出构建新发展格局是开放的国内国际双循环，不是封闭的国内单循环，要通过发挥内需潜力，使国内市场和国际市场更好连通，以国内大循环吸引全球资源要素，更好地利用国内国际两个市场、两种资源，提高全球配置资源能力，更好地争取开放发展中的战略主动，形成参与国际经济合作和竞争新优势。特别需要强调的是，构建新发展格局是以全国统一大市场基础上的国内大循环为主体，不是各地都搞自我小循环；构建新发展格局的关键在于经济循环的畅通无阻，最本质的特征是实现高水平的自立自强。

第二节　国外典型国家改革开放实践及启示

通过改革开放解决发展中遇到的问题是各国发展的重要经验。考虑当下我国发展进入新时代的现实特征和成渝地区建设的客观需求，我们主要聚焦分析日本、韩国、新加坡、越南等国家转型发展期的经济结构性改革开放经验举措，研究提出对成渝地区打造具有全国影响力的改革开放新高地的有益启示。

一、日本

第二次世界大战结束后，日本经历了保护、扶持、开放的一个循序渐进的发展过程。日本实现工业化后，经济的结构性问题日益突出，主要表现为资本收益率、研发收益率、资源配置效率下降和人口老龄化问题突出。20世纪70年代中期，日本开始推行供给侧结构性改革，主要通过促进创新、调整产业结构和改善资源配置效率等举措全力提高全要素生产率。

一是相继采取保护、扶持、开放的对外政策。战后日本采取关税壁垒、外汇预算制度等进口限制政策保护国内产业发展，制定日元基金等政策严格限制外国的直接投资，保护国内幼稚产业；同时，制定扶持电机、汽车、电子、石油化学、合成纤维、合成树脂等新兴产业的一系列战略规划，引进外国先进重化工技术促进工业技术革新，通过租税特别措施减轻国内企业税负、促进企业资本积累，建立大批量生产体系，增强本国企业国际竞争力；随着本国幼稚企业和汽车、电视、机械、电子计算机等出口导向型产业成长壮大，从20世纪60年代开始有选择地实行贸易自由化和分阶段地实行资本自由化，通过出口和投资加速整个经济的外向发展。

二是推动产业升级转型。一方面，针对受1973年第一次石油危机影响，出现的结构性萧条的基础原材料、纺织等产业，实施了“去产能”政策，特别制定了稳定平电炉、炼铝、合成纤维、造船等产业临时措施，加快过剩设备的废弃、冻结，支持企业兼并重组，实行生产、价格调整，减少库存、提高效益。另一方面，采取政府提供开放补贴、增加政策性融资、实施特别折旧等方式，积极培育电子信息、核能发电、航空运输等新兴产业发展；设立产业技术审议会，采用注入国家资金、建设筑波科学城等方法，积极发展环境保护、新能源、生物工程等高新技术产业。

三是支持科学技术创新。政府提出了技术立国战略，即提高研发投资支出、建设国有研究试验设施、鼓励多学科技术融合发展、推动国际研发合作和推动产业“知识集约化”、促进产业技术高附加值化，并制定了财政金融政策助推新材料、微电子、生物工程等产业发展。

四是深化要素市场化配置改革。取消了一系列限制性壁垒，加快电信、铁道、邮政等部门的民营化进程，提升经营效率；实施劳动力市场改革，允许在所有行业中采用“劳务派遣”的方式雇佣员工，提高用人弹性和灵活度，提升劳动力使用效率；设立“结构改革特区”、倡导创立经济特区，在特区内部率先实行新法律法规，放松行业管制，吸引外国技术、人力资源和资金，为新政策实施与推广总结经验。

二、韩国

韩国是从20世纪50年代最贫穷国家成功跨过“中等收入陷阱”成为高收入国家的典型案例。韩国经济增长被称为“汉江奇迹”，主要是通过技术进步、产业结构调整、对外贸易政策，以及持续性改革开放来推动经济保持多年高速增长。

一是技术进步推动全要素生产率的贡献提高。20世纪70年代，韩国全要素生产率对经济的贡献远远低于资本和劳动力；20世纪80年代开始，韩国大力推动技术研发，科学研究与试验发展（R&D）占GDP的比重长期保持在2%以上，相比而言，很多中等收入国家科学研究与试验发展（R&D）占GDP的比重仍低于1%；1998年以后，在不断研发的背景下韩国产业技术取得很大进步，生产效率持续提升，产业结构改革与技术升级成功完成，韩国经济增长中贡献最大的要素已经从资本变成全要素生产率。

二是产业政策助力产业结构调整。最初，韩国设定不同汇率鼓励出口企业生产，优先扶持用于出口的劳动密集型产业，对企业进口原材料实行免税，并为企业提供资金用于升级技术和生产设备更新；之后，设立国家投资基金，优先扶持钢铁、造船、电子等重化工企业，为有良好发展前景的重工业企业解决资金上的后顾之忧，并提供政策保护；后期，通过法律保障产业转型发展中市场的作用，制定财政政策鼓励产业技术创新，并注重对产业发展的微调，产业政策从扶持型向功能性转变。

三是调整对外贸易政策适应产业结构调整需要。为促进产业结构转型，韩国实施出口主导战略，不同发展阶段采取不同的对外贸易战略。20 世纪 60 年代，韩国主要出口农产品及其加工品、矿产品，采取保护国内产业的政策；20 世纪八九十年代开始，改变保护本国产业的政策，构建自由竞争的开放型经济体制，促进国内产业结构调整，主要出口服装、半导体、鞋、影像设备、船舶、电脑等；20 世纪 90 年代末，金融危机倒逼政府的经济结构改革，进一步完善市场公平竞争秩序；进入 21 世纪后，开始实施 FTA（自由贸易协定）战略，积极推动与世界各国和地区的 FTA 谈判，主动参与全球市场竞争，出口以半导体、电脑、汽车、无线通信仪器、平板显示器等高技术、高附加值产品为主。

三、新加坡

1965 年新加坡独立建国后，从一个贫穷落后的欠发达国家，一跃成为国富民强的发达国家，取得了世界公认的辉煌成就。囿于本国薄弱的经济和科技基础及有限的国内市场，新加坡主要通过以吸引外资为主的外向型经济模式和国际化战略来打造国家竞争力，在 20 世纪 80 年代成为亚洲金融中心、贸易中心和航运中心。

一是实行全方位门户开放政策。大力发展外向型经济，制定全面的、全球的对外开放政策，努力打破各种限制，向世界开放、向一切国家和地区开放，不断推广、完善对外资的鼓励和优惠政策，如制定《豁免所得税》法令，实施税务鼓励特别优惠，提高外国资本来新加坡投资的吸引力，调动本国企业出口积极性；同时给予国外投资者特别鼓励、出口资助、风险投资资金扶持和国际贸易鼓励等激励政策。这些鼓励大规模引进外资和扩大出口的举措，使新加坡经济发展向外向型、规模型、世界型加速转变。

二是适时调整外向型产业政策。始终坚持积极吸引外资，从建国到 20 世纪 70 年代初，产业政策支持转口贸易、纺织服装、消费类电子产品等劳动密集型产业；20 世纪 80 年代，产业政策支持侧重于提高工业自动化和劳动者素质方面，以及吸引外商来新加坡投资造船修船、石油化工、石油勘探设备等资本与技术密集型的重化工产业，推动产业转型升级，基本实现工业化，成为“亚洲四小龙”之一；20 世纪 90 年代，提出“全商务”新政策，把服务业作为新引擎，重点发展旅游、金融和信息等高端服务业；进入 21 世纪以来，实施高科技战略，政策聚焦于发展电子信息、生物医药和航天航空等知识密集型产业。

三是优化国际营商环境。始终坚持把吸引发达国家跨国公司落户作为本国发展经济的基本国策。对标国际标准制定严格的环境保护法规，投入大量资金建设满眼翠绿的城市绿化环境和创造干净整洁的城市卫生条件；营造“亲商”环境，把外商投资视为本国自己投资、外商企业视为本国自己企业的贴心服务，“亲商”的同时还倡导“双赢”理念：外商要有利可图、赢得投资回报，新加坡则赢得就业机会和经济发展；独创劳资政薪酬协商制度和新加坡全国职工联合总会，每年根据国家经济增长、劳动力变化等情况，由劳、资、政三方协商议定薪酬标准，向政府和企业界提出调整薪酬建议，提高劳资和谐竞争力。

四是打造国家竞争力战略。实施国际化战略，培育扶持本国中小企业走向国际市场、成为跨国公司，先后制定服务中小企业发展的新加坡标准和成立国际企业发展局等专职管理部门，在世界各国设立上百个新加坡工业园区；实施扩大“腹地”战略，以新加坡周边 7 小时以内飞行时间的国家和地区为经贸发展腹地，签署双边自由贸易协定；实施中国战略，制定政策要求“搭上中国经济发展顺风车”，加强与中国经济合作，牵引拉动其经济发展。

四、越南

1976 年越南实现南北统一时，经济十分落后，政府根据自身情况不断推动一系列经济改革，主要采取市场机制改革、对外开放、国有企业改革等政策，加快推动国内经济恢复和发展。

一是深化市场经济改革。20 世纪 80 年代开始，越南仿效中国的改革开放，初步引入市场经济，对高度集中的计划经济体制进行尝试性改革。推行农业生产承包责任制、扩大企业自主权、开放自由市场等，向农民、企业和非国营经济放权；同时放宽对外出口的政策，扩大各省（市）的外贸经营权，依托优良海口的贸易优势，大力发展对外贸易。

二是优化对外开放政策。越南陆上与中国、老挝、柬埔寨毗邻，海上又扼太平洋、印度洋等交通要道，发展对外经济贸易地理条件独特且重要。1986 年以来推行全方位的对外开放政策，越共“六大”提出“广交友、少树敌”的外交政策，为国内经济发展创造有利的国际环境；“七大”宣布希望成为世界共同体中所有国家的朋友，确立“全方位、多样化”外交政策，扩大以经济为主导的交往合作圈。同时，积极争取外资参与区域经济合作，1993 年越南争取外援取得突破性进展，如争取到国际货币基金组织、世界银行和亚洲发展银行共同为其提供 10 亿美元优惠贷款，20 个国家和 17 个国际机构为其基础设施建设提供援助；1995 年，越南与欧盟签署经济合作协定，与美国正式建交，正式加入东盟，加强与东盟各国的经济贸易往来。

三是提高国有企业竞争力。政府对国有企业实行权力下放，国有企业的生产和自主经营权扩大，以国有企业为中心、外资与混合型企业为辅助的工业体系形成。制定一整套与国有企业相对应的法律对国有企业发展进行规范，实施《国有企业法》，推动国有企业改革与重组，使其逐步发展转变为股份制企业、国家参股企业、国有企业集团、国有总公司等。

五、经验启示

纵观东亚、东南亚地区典型国家（地区）的改革开放历程，其都在产业政策改革、技术创新支持、市场化改革、加大开放力度等方面作出了政策安排，以助推这些国家（地区）经济实现高速发展。

一是必须强化产业政策支持。产业发展是经济发展的基础，虽然从本质上来说产业发展更多应该依靠企业，但也离不开政府的政策引导。特别是产业发展到一定阶段，只有合理运用产业政策，一个国家（地区）才能成功实现产业转型目标。无论是日本、韩国还是新加坡或其他国家，均出台了一系列推动产业结构调整的改革举措，通过采取财税政策支持、资金支持、开放补贴、政策性融资等方面的政策措施，促进了本国（地区）加快淘汰落后产能、积极培育新兴产业，形成了适应国际市场需求、符合产业发展方向的现代产业体系，实现了国家和地区经济转型目标。因此，成渝地区也应借鉴出台相应的产业政策，引导区域内产业实现转型发展。

二是必须高度重视技术创新。创新是一个国家或地区经济发展的不竭动力。一个国家（地区）经济要想取得更好的发展，必须要科学制定和出台对技术创新的支持政策。日本、韩国等东亚国家的发展经验表明，只有重视技术创新，通过体制机制创新和改革，加大对技术创新的政策支持力度，才能提升经济效率、推动经济迈向高质量发展。因此，对于技术创新实力较弱的成渝地区，更应该加快推动体制机制创新，着力突破技术创新薄弱环节，增强经济持续发展动力。

三是必须加大市场化改革力度。市场经济体制改革是释放市场主体活力的核心。只有通过市场化的改革，才能打破束缚国家和地区经济发展的体制机制枷锁，让经济要素流动更加合理，让资源要素配置更加优化，推动经济实现更高质量发展。日本、越南等国家的发展经验表明，只有实行更加市场化的要素市场改革，取消限制性壁垒，放松行业管制，才能充分激发各类市场主体的发展活力，吸引国内外技术、人才、资金等生产要素集聚，为国家（地区）的经济发展积蓄力量。为此，成渝地区应该大力推动市场化改革，充分释放经济发展活力。

四是必须不断优化开放政策。当今世界，开放是全球各国的必然选择。只有通过优化开放政策，才能在开放中实现更好发展。韩国、新加坡、越南都实行了更加开放的对外贸易政策，把经贸发展腹地放到全球更大范围内来考虑，实施全方位、多样化的开放政策，通过开放倒逼国内经济结构改革，加强与周边及更大范围国家的经济贸易联系，在开放合作中寻找发展机会，实现自我更好发展，增强国家竞争力。从这个意义上来说，地处内陆的成渝地区应该更加开放地面向全球发展，在开放中实现自我发展。

五是必须营造良好的营商环境。市场主体是经济发展的核心。如何营造良好的发展环境，吸引更多更优质的市场主体落地发展，带动本国（地区）的市场主体实现更好发展是关键。新加坡等国家高度重视营造国际化的营商环境，通过一系列改革举措，营造干净整洁的城市环境、亲清的政务环境，为国内外市场主体落地生根提供优质服务，成为市场主体青睐的国家（地区）。这为地处内陆地区的成渝地区营造更好的营商环境提供了范本。

第三节　国内典型地区改革开放实践及启示

我国东部沿海地区的京津冀、长江三角洲、粤港澳大湾区一体化进程要明显快于成渝地区，它们经历的发展阶段以及采取的相关政策措施可以供成渝地区参考和借鉴。

一、京津冀地区

（一）京津冀地区合作发展历程

1. 起步发展阶段（1981—2004 年）

改革开放初期，为了加快地区经济发展，京津冀地区开始探索加强合作、互惠共赢的发展模式。1981 年，华北地区经济技术协作会正式成立，并且成为全国最早的区域协作组织。在该协会推动下，京津冀地区围绕高层会商、物资调剂等内容，积极开展地区间物资交流以及企业间在原料、市场、产品等方面联合。例如，北京与河北的市（县）共同建设肉、蛋、菜等生活品保供基地以及纯碱、生铁等生产原料供应基地。1982 年，“首都圈”概念被正式提出。《北京城市建设总体规划方案》中提出，由北京、天津和河北的唐山、廊坊和秦皇岛组成“首都圈”内圈，由承德、张家口、保定和沧州组成“首都圈”外圈。1986年，环渤海地区市长联席会正式成立，由环渤海地区15个城市共同组建，开启了京津冀区域合作机制建设，定期召开联席会议，商议区域合作事宜。2004年，在国家发展改革委的组织协调下，北京、天津、河北、山西等7个省份在廊坊达成《环渤海区域合作框架协议》（廊坊共识），商定构建环渤海合作机制的三层组织架构。这标志着京津冀合作机制逐步从设想、启动探索阶段进入全面实践阶段。2004年11月，国家发展改革委正式启动京津冀都市圈区域规划的编制工作。

2. 加快实践阶段（2005—2011年）

京津冀发改委区域工作联席会于2008年在天津首次召开。会上，京津冀发改委共同签署了《北京市、天津市、河北省发改委建立“促进京津冀都市圈发展协调沟通机制”的意见》，标志着京津同城化发展进入新阶段。2010年开始，京津冀三地旅游、规划、交通等政府部门陆续签订了一系列合作协议，包括《关于建立京津冀两市一省城乡规划协调机制框架协议》《环渤海区域旅游发展总体规划》《京杭大运河国家旅游线路总体规划》《泛金海湖京津冀金三角旅游规划》《京津冀交通一体化合作备忘录》等，进一步推动京津冀合作走深走实。在交通互联互通方面，京津合作也取得显著的进展。2000年，北京和天津机场实现国内民航首次跨区域联合。2002年，北京与天津港口实现直通以及港口功能一体化。2008年，两地正式开通京津城际列车。在产业联合方面，2005年，国务院批准曹妃甸成为首钢搬迁的载体，京津共同建设钢铁联合企业，打造京津冀地区乃至全国的重化工基地和能源枢纽港。

3. 日趋紧密新阶段（2012年至今）

以习近平同志为核心的党中央高度重视京津冀一体化发展。2014年，习近平总书记提出京津冀协同发展战略，国务院正式成立京津冀协同发展领导小组，进一步加强京津冀合作顶层设计，为建立京津冀一体化科学发展的长效机制提供组织保障。2015年，《京津冀协同发展规划纲要》正式通过中共中央政治局审议。该纲要明确了京津冀整体和京津冀三地各自的发展定位，明确了空间布局思路和路径，明确了协同发展应围绕疏解北京非首都功能有序推进，明确了交通、生态环保、产业等重点领域率先突破的方向和抓手，明确了加快推动基本公共服务均等化发展。同时，国家“十三五”规划提出，要构建以“一带一路”倡议、京津冀协同发展、长江经济带发展为引领的我国区域发展新格局。2016 年，北京通州正式成为未来北京城市副中心。2017 年，雄安新区正式设立，将成为首都副中心。新设立的雄安新区是以习近平同志为核心的党中央深入推进京津冀协同发展作出的一项重大决策部署，是继深圳经济特区和上海浦东新区之后又一个具有全国意义的新区，标志着京津冀合作进入新的发展阶段。

（二）京津冀地区合作发展主要政策举措

京津冀协同发展是国内首次由中央政府主导推动的区域经济一体化战略。京津冀协同发展除了要在经济一体化方面有所突破外，还肩负着破解北京“城市病”的使命。因此，在产业合作、园区协同、交通基础设施互通、公共服务一体化、对外开放等方面进行了探索。

1. 产业合作方面

2017 年，京津冀三省市协同办联合印发并实施《关于加强京津冀产业转移承接重点平台建设的意见》，初步明确了“2+4+46”个平台，包括北京通州副中心和河北雄安新区两个集中承载地，四大战略合作功能区及 46 个专业化、特色化承接平台。出台了《京津冀协同发展产业转移对接企业税收收入分享办法》《京津冀信息化协同发展合作协议》《中关村京津冀协同创新共同体建设行动计划（2016—2018）》《“聚集京津冀协同、深化国地税合作”区域税收协同共建框架协议》《环首都 1 小时鲜活农产品流通圈规划》等政策；成立了京津冀工商界金融服务联盟、京津冀工商界法律服务联盟、京津冀工商界职业教育联盟等专业服务联盟。

2. 园区协同方面

一是位移模式。北京生产企业或市场整体搬迁到河北。例如，服务北京新发地农产品批发市场的大型物流企业整体搬迁至河北保定高碑店新发地物流园区等。

二是总分模式。企业总部保留在北京，而生产基地、后勤服务基地等设立在河北的园区。例如，北汽集团汽车生产基地设立在河北黄骅经济开发区、北京现代汽车生产工厂设立在河北沧州经济开发区等。

三是孵化模式。北京的高等院校、科研院所以及高科技公司，将孵化基地、中试基地、实验基地设立在河北。例如，中关村天合科技成果转化促进中心秦皇岛分中心、中关村海淀园秦皇岛分园、中关村天合（秦皇岛）科技成果转化研究院等的成立。

四是复制模式。依托园区有利资源以及园区运营的成熟经验，北京生产型、服务型以及综合型园区移到河北开发的新园区。例如，北京经济技术开发区、大兴区政府与河北廊坊市政府合作共建共管的“北京亦庄·永清高新区”。

五是飞地模式。北京市（区）政府与河北省（市、县）地方政府展开合作，在河北联合投资，建设“区中园”，共同开发管理，利益共享。例如，北京—沧州渤海新区生物医药产业园是由北京市经信委、食药监局与沧州渤海新区管委会合作投资，设立在沧州临港经济技术开发区的飞地园区。

3. 交通基础设施互通方面

一是“轨道上的京津冀”初具成效。设立京津冀铁投公司，加快京津冀城际铁路网建设。开工建设京张高铁、京唐铁路、京滨铁路、城际铁路联络线、石衡沧港城际等，推进京石城际、津承城际（宝坻至承德）、环北京城际（廊坊至香河段）等项目前期工作，推进北京等地干线铁路、城际铁路、城市轨道与公交客运枢纽有机衔接。

二是津冀两地港口合力打造世界级港口群。开通“天天班”海上快线，实现天津港与黄骅港优势互补。优化完善沿海港口布局，先后组建津唐、津冀国际集装箱码头公司，加快推进津冀港口群集疏运的建设。建成天津港至曹妃甸综合保税区环渤海内支线，畅通铁路疏港“最后一公里”。

三是推动民航机场协同发展，实行京津冀144小时过境免签政策，编制完成《京津冀区域机场综合交通枢纽发展规划》。

四是推进三地地方标准、政策和管理程序统一。目前，京津冀协同地方标准已发布54项，初步建立区域协同共同制定、同时发布的工作机制，建立京津冀协同发展服务平台，津冀水域海事监管一体化机制基本确立。

4. 公共服务一体化方面

一是推动邮政业一体化。积极贯彻落实《国家邮政局关于京津冀邮政业协同发展的指导意见》（国邮发〔2016〕20号），成效显著。京津冀重点城市交邮协同发展不断深入，邮政和快递设施加快完善，一批邮件处理中心、快递分拨中心等在北京、天津、石家庄等城市陆续建成营运。

二是加快综合运输服务协同发展。加快客运联网售票平台建设，完善城市交通“月票制”互联互认，全国高速公路电子不停车收费系统（ETC）在全域推广。

三是医疗卫生政策协同加快实现。出台《京津冀卫生计生综合监督交流合作框架协议》，研究形成三地检验、影像等互认项目和质控标准。京津冀三地二级及以上公立医院（不含军队所属医院）已同步执行六大类医用耗材联合采购结算。

四是推动人才资源共建共享。出台《外籍人才流动资质互认手续合作协议》《京冀推动人力资源和社会保障深化合作协议》《京津冀社会工作人才队伍建设协同发展框架协议》等政策促进智力资源的三地共享。

5. 对外开放方面

一是推动口岸一体化。积极落实海关总署发布的《京津冀海关区域通关一体化改革方案》和原国家质量监督检验检疫总局发布的《京津冀检验检疫一体化建设方案》精神，先后出台《天津海关支持外贸稳定增长的若干措施》《北京市推进京津冀区域通关一体化改革实施方案》等政策，实现三地口岸通关业务一体化、144小时过境免签、海事业务一体化等。

二是推动服务贸易一体化。共同制定《落实京津冀共同推进市场一体化进程合作框架协议商务行动方案》，借助中国（北京）国际服务贸易交易会、中国·天津投资贸易洽谈会、中国·廊坊国际经济贸易洽谈会等载体，共同培育具有国际影响力的会展合作平台。发挥北京、天津中国服务外包示范城市、国家软件出口基地以及自贸区优势，携手开拓境外服务外包市场。

三是推动对外贸易一体化。签署《京津冀贸易投资促进协同发展合作备忘录》，建立京津冀贸易投资协同发展合作机制，联手打造京津冀国际投资贸易洽谈会等区域性国际经贸活动品牌，推动各类合作项目和战略协议签约落地。

二、长江三角洲地区

（一）长江三角洲地区合作发展历程

1. 起步阶段（1978—1997年）

改革开放以来，上海凭借其优越的地理位置，在长江三角洲经济圈（简称长三角经济圈）“排头兵”和中心地位加快彰显。1982年，上海经济区获批。1983年3月，成立上海经济区规划办公室。20世纪90年代，长三角经济圈利用国家开发浦东的契机，凭借国家给予的一系列优惠政策，经济发展不断提速，区域合作持续深入。1997年，长三角经济圈概念首次提出。同年，长三角城市经济协调会正式成立。

2. 成长阶段（1998—2010年）

长三角各省（市）通力协作、共谋发展，在区域合作机制的制度建立、机构设置、专题合作等方面进行了积极探索和创新。2001年，沪苏浙经济合作与发展座谈会制度正式建立，规定各地区必须由常务副省（市）长牵头参加。2004年，正式启动三省（市）主要领导座谈会机制，并相继出台了《长三角都市圈高速公路网规划方案》《长三角地区现代化公路水路交通规划纲要》《长三角地区高等级内河航道网布局规划》《长三角地区港口建设规划》《长三角道路运输一体化合作规划纲要》等一系列文件，加速长三角交通基础设施一体化。积极贯彻落实《关于进一步推进长江三角洲地区改革开放和经济社会发展的指导意见》（2008 年）的精神和要求，2009 年出台《长三角地区重点合作专题组工作制度》《长三角地区合作与发展联席会议制度》等制度文件，健全完善“高层领导沟通协商、座谈会明确任务、联络组综合协调、专题组落实推进”的合作方式。重点合作专题由 2001 年的 5 个逐步发展到 2007 年底的“9+1”个，又发展到交通、能源、产业转移、城市经济合作等“10+1”个。2010 年，国家出台《长江三角洲地区区域规划》，区域内各省（市）采取“1+3”[①]的形式贯彻落实，随着区域内相关规划的出台及与之协调的修编调整，长三角区域合作进入全面务实推进的新时期。

3. 加速阶段（2011 年至今）

通过联动实施国家战略和重大规划，长三角共谋转型升级，加强政策衔接，积极探索“泛长三角”区域合作的机制和内容。2013 年，安徽芜湖、滁州、淮南，江苏连云港、徐州、宿迁，浙江丽水和温州加入“长三角”。2016 年 5 月，国务院常务会议通过《长江三角洲城市群发展规划》。2018 年 2 月，长三角区域合作办公室挂牌成立，研究制定《长三角一体化发展行动计划（2018—2020 年）》《2018 年长三角合作工作计划》；同年 11 月，出台《中共中央、国务院关于建立更加有效的区域协调发展新机制的意见》，明确要求以上海为中心引领长三角城市群发展，带动长江经济带发展。2019 年，《长江三角洲区域一体化发展规划纲要》正式出台，规划范围为苏浙皖沪四省（市）全部区域，长三角经济圈建设上升为国家战略。

（二）长江三角洲经济圈发展主要政策举措

长三角经济圈是全国综合实力最强的经济中心、亚太地区重要的国际门

① “1”是共同起草《长三角地区共同推进若干重要事项的意见》；“3”是同时各自制订实施意见和实施方案，做好各省（市）“十二五”规划和省（市）内小区域发展战略与长三角区域规划之间的配合衔接。

户、全球重要的先进制造业基地，也是中国率先跻身世界级城市群，在产业合作、市场一体化、基础设施互联互通、公共服务一体化等方面成绩斐然。

1. 产业合作方面

以产业集聚和跨省（市）共建园区为重点，共同推进产业有序转移与科学承接，促进经济转型升级。

一是加快形成产业转移协调推进机制。成立由发展改革委牵头、有关部门参加的产业转移专题组，研究长三角产业集群式转移的有效途径。

二是加强政策引导和支持。由安徽牵头，探索长三角“飞地经济”管理模式和利益分享机制，积极推进长三角产业的梯度转移和有序承接。

三是积极推进园区共建。积极发展跨省（市）产业合作园区，优化资源配置，输出品牌和管理，共同推进上海在江苏南通、盐城的共建园区建设。苏皖合作示范区、宁滁合作产业园、中新苏滁现代产业园、郎溪的无锡工业园、“一岭六县”① 长三角产业合作发展试验区等合作共建园区建设顺利推进。

2. 市场一体化方面

一是加强金融合作。共同签署《长三角地区贷款转让合作备忘录》，设立长三角合作与发展共同促进基金，制定《长三角合作与发展共同促进基金管理办法》。

二是推动信用建设。“信用长三角”网络共享平台运行稳定，签署《长三角区域食品药品安全领域信用联动奖惩合作备忘录》，发布《长三角四省一市打击侵权假冒行政处罚信息公开工作方案》，建立长三角四省一市打击侵权假冒专项行动联动机制。

三是加快物流通关一体化发展。共同成立全国城市标准化创新联盟，建立长江经济带标准化托盘循环共用联盟。搭建“物流汇”平台、小微物流企业供应链管理平台等公共信息服务平台。签署《关于长三角区域海事大通关

① “一岭六县”包括上海白茅岭农场和郎溪县、广德县、溧阳市、宜兴市、长兴县、安吉县。

建设合作备忘录》《关贸紧密合作机制备忘录》等，启动长江经济带海关区域通关一体化改革。

四是推进商品市场一体化发展。出台《关于加快互联网平台经济发展的指导意见》《关于上海加快推动平台经济发展的指导意见》《上海市鼓励企业设立服务全国面向世界的贸易型总部若干意见》等文件推动商品市场转型升级，扩大外商投资企业登记材料互认范围，发布自贸试验区大宗商品现货市场交易管理规定和规则。

3. 基础设施互联互通方面

一是交通互通。共同编制城市轨道、高铁高速、内河航道等重大交通基础设施规划，共同完成上报工作。完善长三角区域高速公路 ETC 互通、轨道交通衔接。上海、杭州、宁波、合肥、温州、南京、苏州等城市实现无障碍异地乘坐地铁。签订《关于共同推进长三角地区民航协同发展努力打造长三角世界级机场群合作协议》。

二是能源互通。签订《长三角三省一市加强能源领域战略合作框架协议》，共建长三角区域能源储备体系和应急保障体系，长三角海洋新能源基地、"皖电东送"一期工程等基础设施建设进展顺利。

三是信息互通。开展长三角地区电子认证工作，制定长三角市场主体数据合作共建共享方案，出台统一数据资源目录和数据接口标准，建立以"覆盖全区、全面汇聚"的长三角地区市场主体基础数据库，建设"一网通办"云上平台，实现市场监管信息全覆盖。

4. 公共服务一体化方面

一是社会保障合作。率先在全国探索区域性异地门诊费用直接结算。共同推进长三角地区社会保险待遇资格协助认证、工伤保险协作、劳动保障监察协作、人才开发一体化协作等，探索建立长三角公务员管理交流合作机制。

二是人才服务。共同成立"长三角人才一体化发展城市联盟"；杭州、苏州、合肥等 9 个城市联合发布"高层次紧缺人才需求目录"，共同制定《深化

G60科创走廊九城市人才交流合作协议》。签署《三省一市人才服务战略合作框架协议》，共同发布《关于开展人事争议仲裁业务协助和工作交流协议》《泛长三角地区劳动保障监察工作合作协议》，长三角地区人才一体化建设进程不断加速。

5. 对外开放方面

一是推动开放平台联动合作。先后成立长三角开发区协同发展联盟、长三角一体化对外投资合作发展联盟、长三角自贸试验区智库合作联盟和长三角自由贸易试验区联盟等合作组织，研究制定《长三角开发区营商环境评价标准》，启动浙江境外经贸合作区与省内经济开发区联动发展“莫干山”行动计划，签订《长三角自贸试验区联动发展合作备忘录》，实现开放平台跨省域联动合作。

二是推动通关一体化。建成区域通关中心，构建统一的申报平台、风险防控平台、专业审单平台和现场接单平台，完成长三角区域通关一体化建设。

三是推动吸引外资一体化发展。上海先后制定并实施优化营商环境1.0版、优化营商环境2.0版、优化营商环境3.0版改革方案，在此带动下，浙江推出“10+N”便利化行动，安徽重点打造“皖事通办”平台，共同优化营商环境，增强外资信心。

三、珠江三角洲地区

（一）珠江三角洲地区合作发展历程

相对于长三角地区或京津冀地区，珠三角同属一个省管辖，行政区域规划优势明显，有利于珠三角统一规划，整合各城市的资源，发挥各城市的优势，相互分工合作。

1989年，广东城镇体系规划提出珠江三角洲概念。2002年，出台《珠江三角洲城镇群协调发展规划（2004—2020）》。2008年，国务院发布《珠江三角洲地区改革发展规划纲要》，将珠三角一体化战略上升到国家层面。2009

年，广东、香港发展局和澳门运输工务司联合开展“大珠三角城镇群协调发展规划研究”。2010年，粤港澳联合出台《环珠三角宜居湾区建设重点行动计划》。2013年，深圳首次提出发展“湾区经济”。2015年，在《推动共建丝绸之路经济带和21世纪海上丝绸之路的愿景与行动》中，首次提出打造粤港澳大湾区。2016年，《关于深化泛珠三角区域合作的指导意见》正式出台。2017年，国家发展改革委出台《粤港澳大湾区城市群发展规划》。

（二）粤港澳大湾区（珠三角地区）主要政策举措

积极对接国家《粤港澳大湾区发展规划纲要》，在内地与香港、澳门经贸合作委员会框架下，商务部牵头出台《关于商务领域支持粤港澳大湾区建设若干政策措施的意见》，财政部和税务总局发布《关于粤港澳大湾区个人所得税优惠政策的通知》等政策措施，成为国家支持粤港澳大湾区建设的重要政策支撑。广东先后出台《中共广东省委、广东省人民政府关于贯彻落实〈粤港澳大湾区发展规划纲要〉的实施意见》《广东省推进粤港澳大湾区建设三年行动计划（2018—2020年）》等一系列配套文件，并编制了对应的“施工图”和“任务书”，加快推进粤港澳大湾区建设。

1. 金融方面

积极落实《关于贯彻落实金融支持粤港澳大湾区建设意见的实施方案》，探索实施更高水平的贸易投资便利化试点。积极探索建立与粤港澳大湾区发展相适应的账户管理体系，开展本外币合一的跨境资金池业务试点，探索建立跨境理财通机制，支持银行开展跨境贷款业务，不断提升金融业国际化水平。

2. 吸引人才方面

积极打造一批港澳青年创新创业基地，举办一系列创新创业大赛并设立港澳地区分赛场，每年开展港澳青年创业、交流等活动，积极引进一大批港澳青年创业团队在广州发展。深入推动5A行动，帮助粤港澳大湾区青年实现职业发展。依托粤港澳大湾区青年创业公共服务平台，为青年创业者提供法律咨询、创业辅导项目合作等多种服务。

3. 创新方面

消除区域内部阻碍，突破创新要素合理流动、创新资源合理配置、突破功能互补协作的“瓶颈”，推动科技成果与产业需求有效对接，提高技术成果转化率，提升区域整体创新效率和创新能力。充分发挥科技大企业、互联网平台企业在区域创新合作中的“龙头”带动作用，加快培育具有全球影响力的湾区核心技术、品牌优势和商业模式。

4. 开放方面

发挥湾区内外联动、海陆统筹的重要支点和枢纽作用，引领湾区内各地区协同开放。实施外国人 144 小时过境免签政策，并扩大到广东省行政区域内，推动入境游客选择“广东入境、港澳出境”的路线，进一步拓展入境旅游市场。

5. 民生领域

实施粤港澳跨境非营运小汽车指标管理规定，对投资类、人才类、捐赠类申请范围和条件进一步放宽。启动粤港澳大湾区“菜篮子”建设，加快向国内外市场输送丰富优质的农产品，同时，打造全球优质农产品进口基地，全力建设粤港澳优质生活圈。

四、东部沿海地区

东部沿海地区是我国改革开放的试验田和最前沿。从 1979 年初设立蛇口工业区到设立深圳、珠海、汕头、厦门经济特区，1984 年确立 14 个沿海开放城市和 1985 年确立 51 个沿海经济开放区，再到 1988 年海南成为经济特区，1990 年开始开发建设上海浦东新区，逐步形成了由沿江、沿线、沿边“三沿”和向内地拓展并重的，多层次、宽领域、全方位开放的新局面。改革开放 40 多年来，凭借优越的综合区位和改革开放先发优势，东部沿海地区取得举世瞩目的成就，成为全国经济持续快速增长的“龙头”和全国改革力度最大、开放程度最高、示范效应最明显的地区，是全国改革开放发展的范例。

专栏1-1　部分省（市）做法和经验

不断探索和深化市场化改革。在确保社会主义基本制度毫不动摇的前提下，浙江创新地将市场化改革与“浙商”传统紧密结合起来，基于新的财产秩序和市场秩序，不断探索社会主义市场经济体制机制改革，建立了市场主体培育、市场活力激发、市场体系发育、市场制度保障等配套体系，所有制结构、政府职能转变、市场发育情况、体制活力与外向程度等长期处于全国领先水平。

率先推进以市场为取向的经济体制改革。福建厦门在国企体制、开放市场、社会治理等方面不断开创“全国首次”。例如，率先利用国外政府贷款建设机场、对市属国有企业实行利改税、改革国有资产管理体制、实行土地有偿转让和商业用地公开招标制度等。

发挥地缘人缘优势，不断优化发展环境。广东省毗邻港澳，是我国华侨之乡，有着对外开放合作的独特优势。改革开放以来，广东充分利用港澳高效的贸易机构和广泛的国际贸易渠道，充分借鉴港澳先进的管理经验，“筑巢引凤”，不断改善投资环境、完善基础设施布局，制定和完善各种涉外经济法规和政策体系，为外商营造符合国际惯例的良好投资“软环境”。

一是以建立和完善市场机制为引领优化发展环境。1978 年，在党的领导下，沿海地区的广东、上海、江苏、浙江等地率先引入市场竞争机制，扩大对外开放，推动商品流通市场化发展，经济发展逐步从计划经济主导向市场经济主导转变。同时，有效应对和回应了外界的诸多质疑，同步完善了社会主义市场经济理论体系，解决了以市场为主体的经济体制的性质是社会主义而非资本主义的理论困惑，继而在党的十四大文件中明确提出“持续推动社会主义市场经济改革”。随着改革开放的持续深入推进，东部沿海地区凭借诸多海外华侨优势，提出发挥区位优势和侨乡优势，探索实行特殊优惠政策和灵活措施，率先吸引港澳和海外华侨投资建厂。随后推动深圳、珠海、汕头、厦门 4 个经济特区、14 个沿海开放城市和 51 个沿海经济开放区应运而生，沿海经济发展水平持续提升。随着经济特区、沿海开放城市和经济开放区等对外开放窗口建设的推进，一系列外贸规则、金融服务、企业制度等改革也开始启动，综合配套改革持续深入，各种优惠政策落地见效。“一子落而满盘活”，东部沿海地区率先启动探索社会主义市场经济机制，为全国改革开放持续探路先行，形成了诸多试点经验，促进和带动了全局改革和全方位开放。

二是以建设开放平台为主战场积蓄开放发展动能。先行先试的开放发展平台既是改革的试验田，也是开放的承载地。改革开放之初，沿海地区以敢为天下先的勇气，相继设立试点试验园区和新区新城、开办合资企业、建立要素交易市场、建设对外快速通道等，不断积累经验、蓄能聚势，取得举世瞩目的成就。同时，沿海地区通过试点园区的发展，相继谋划启动设立了自由贸易区、开放口岸、保税区、保税港区、经济技术开发区、高新技术开发区等重大开放开发平台，这既是对试点园区有效经验的延续和发展，也是对协同政策体系和综合服务体系的进一步扩充和完善。例如，上海早在 1981 年就开设了全国首家会计师事务所，创办了改革开放后首家沪港合资企业，1988 年建设了大陆第一条高速公路，1990 年设立了新中国首家证券交易所，1992 年设立了全国首个国家级新区等，这些对外开放平台的设立和运营成为上海乃至全国的对外开放主战场和示范窗口。广东则从开办经济特区开始，按照地理位置、投资环境和经济发展水平的不同，梯度推动了开放平台由集中布局在特区、沿海开放城市逐步延伸至珠三角地区、东西两翼和内陆地区，以开放平台为引领不断深化对外开放的广度和深度。沿海地区部分省（市）开发开放平台情况见表 1-1。

表 1-1　沿海地区部分省（市）开发开放平台情况

地区	国家级经开区（个）	国家级高新区（个）	海关特色监管区（个）	国家级自贸区（个）	国家级新区（个）	国家级自创区（个）
上海	7	12	4	1	1	1
广东	6	14	18	1	1	2
浙江	8	8	3	1	1	1
江苏	12	6	4	1	1	1

数据来源：根据中国开发区网有关资料整理。

专栏 1-2　上海浦东新区开放发展主要做法和经验

主动担当国家重大使命。上海浦东新区是我国首个国家级新区，是国家重大改革和重大制度的试验田，也是国家重大项目的集中承载地。诞生了第一个金融贸易区、第一家证券交易所、第一家外资银行、第一个自贸试验区、第一家跨境贸易电商平台、第一个综合性国家科学中心、第一个自贸试验区新片区等诸多发展平台。

对标全球标准提升位势。浦东新区自设立以来，始终坚持向世界一流标准看齐，从城市形态规划、功能配备，到重大基础设施规划、产业体系建设，再到各个园区建设布局等，都强调全球标准和世界水平。同时，始终围绕金融、航运、科技、贸易等重大功能在全球经济体系的作用，不断优化布局、创新模式，逐步提升城市全球资源配置功能，带动和助推上海发展成为全球化的“五个中心”。

坚守以人民为中心的发展思想。浦东新区开发开放之初，就从体制机制、政策引导等方面，按照生产生活生态协调融合发展思路，促进经济增长与保障社会建设，既满足了产业发展、城市建设的需要，也加大了教育、医疗、卫生、养老等公共服务供给，为经济发展提供高品质的社会服务保障。经济发展质量和公共服务品质得到了双提升。

三是以市场主导和政府引导为方向提升开放活力。改革开放以来，沿海地区始终坚持以市场为主导、政府为引导的改革开放方向，以转变政府职能为抓手，依法规范政府权力运行机制，不断释放市场和社会发展活力。1979

年，党中央、国务院批准广东等沿海地区在全国率先实行特殊政策、灵活措施，推进改革开放，随后政府加快推动企业改革，加快政企分离，强化企业自主经营，自负盈亏，促使企业发展进一步焕发活力。例如，1997—2009年，深圳等地推动四轮行政审批事项清理工作，累计取消政府审批1800余项，调整400余项。厦门不断探索“小政府、大社会”运行体制改革，在简政放权、转变职能的同时，大力推进权力法治化运行。这些举措的深入实施使得沿海地区民营企业重新焕发活力，在市场主体快速增加的同时，发展质量和运行效率也得到显著提升，为沿海地区经济社会发展增添了不竭动力。另外，沿海地区始终注重经济立法，以法律文件的形式强化市场体系培育和市场秩序规范。例如，广东出台《广东省市场监管条例》，成为全国首部，也是唯一的一部市场监管领域的综合性法规。

第二章

成渝地区改革开放的历程

第一节　改革开放尤其是党的十八大以来成渝地区改革开放重大举措及成效

一、重大举措

（一）加快改革向纵深推进，高质量发展政策支撑逐渐成为重要着力点

我国改革从探索与起步展开阶段（1978—1992 年）到突破与大力提升阶段（1992—2011 年），再到全面深化改革进入新时代（2012 年至今），不断突破思想认识、体制机制束缚，完善社会主义市场经济体制。随着我国经济由高速增长阶段转向高质量发展阶段，改革目标从数量追赶转向质量追赶。党的十九大提出推动高质量发展理念，陆续推出了创新驱动发展、供给侧结构性改革、制造强国、乡村振兴、区域协同发展等一系列改革发展举措。成渝地区积极响应国家导向，加快推进改革向纵深发展，以推进高质量发展为改革的重要着力点，不断加强和完善现代化产业体系构建、乡村振兴战略落实、环境友好型社会建设、“一体化”体制机制创新等方面的政策支撑体系。

1. 探索与起步展开阶段（1978—1992 年）

以 1984 年党的十二届三中全会上通过《中共中央关于经济体制改革的决定》为标志，改革率先从农村实行土地承包责任制开始，逐渐转向城市，并以国有企业改革、流通领域改革、个人分配制度改革等为重点全面展开。成渝地区积极对接国家改革战略，加快推进以家庭承包经营为基础的农村经济体制改革，全面推行企业承包经营责任制改革，成功案例不断涌现。1983 年，

重庆被确立为全国第一个经济体制综合改革试点城市。1985 年，重庆发起“四省区五方”经济协调会和长江沿岸中心城市经济协调会。

2. 突破与大力提升阶段（1992—2011 年）

以 1992 年邓小平南方谈话为标志，全国进一步统一了思想，并对建设完善的社会主义市场经济体制作出全面部署。成渝地区逐步从以国有企业改革为重点向推行行政体制、社会事业等领域的综合配套改革迈进，并在相关领域取得重大突破，如宜宾中小企业产权制度改革、绵阳“两个根本转变”改革试点、重庆开展“四放开”① 试点等多项创举，在全国形成了一定的示范效应。1997 年，重庆直辖；2007 年，重庆、成都获批全国统筹城乡综合配套改革试验区。成都着力于填补农村的制度缺失，以土地、公共服务、户籍、规划、公共财政 5 项制度建设为突破，强化农村发展制度保障。重庆首创的“地票”制度促进农村土地使用权流转，推行户籍改革，积极开展新型农村合作医疗制度试点。

3. 全面深化改革进入新时代（2012 年至今）

党的十八大以来，以习近平同志为核心的党中央统筹推进“五位一体”总体布局、协调推进“四个全面”战略布局，标志着国内进入全面改革开放的新时代。

一是建立健全现代产业政策支撑体系。成渝地区全面落实《中国制造 2025》，出台区域产业布局指导意见和引导目录，出台促进开发区改革和创新发展实施意见，出台现代服务业、数字经济、军民融合等支持政策。其中，重庆出台支持智能产业、智能制造和智慧城市多项政策，推动大数据智能化创新发展。

二是积极落实国家乡村振兴战略。成渝地区加快实施城乡融合发展战略、农业产业发展战略、优势品牌产品优化战略、基础设施与公共服务设施优化

① 在国（营）合（作社）商业企业推行经营、价格、分配、用工。

战略、社区治理体制战略，推进以“三权分置”为重点的农村集体产权制度改革，深化农村要素保障机制改革等农业农村改革。其中，重庆制定现代山地特色高效农业规划，加强农村基层党组织、农村干部队伍、群众性自治组织等制度建设。

三是丰富完善生态保护政策支持。成渝地区进一步细化长江、沱江、岷江、嘉陵江、乌江等重点流域综合治理政策，结合乡村振兴，完善农村生态保护和治理政策，实施重点生态功能区产业准入负面清单。其中，重庆出台“两江四岸”“四山”保护治理规划，制定“四屏三带多点”生态保护红线。

四是加快“一体化”体制机制创新。一方面，加强国内区域合作。以长江经济带区域通关一体化改革试点为契机，成渝地区积极复制推广自贸区海关、检验检疫监管创新制度，建立长江上游地区省际协商合作机制，渝川滇黔启动省际协商合作机制；依托“西部陆海新通道”，积极拓展与泛珠各省区、北部湾、粤港澳大湾区的合作交流。另一方面，全面深化成渝地区双城联系。积极落实《成渝经济区区域规划》《成渝城市群发展规划》，深化川渝合作“216”系列工作方案（协议），完善两省（市）有关部门和地方建立常态化工作推进机制；进一步健全全方位、多领域、多层次的生态环境合作机制，广安、潼南加快建设川渝合作示范区。

（二）顶层设计不断优化，助推开放平台建设举措亮点纷呈

国家对外开放从4个经济特区到14个沿海开放城市，再到沿江沿边，最后到内陆。特别是党的十八大以来，党中央将“开放”纳入新发展理念体系，加强对改革开放的整体谋划与顶层设计引领，陆续推出了自贸区试验与推广、“一带一路”倡议、强化“走出去”、与多国签订双边自贸协定等一系列开放举措，成渝地区对外开放经历了从“借道而行”到“拼船出海”再到“驾船出海”的历程。在此期间，成渝地区以重大开放平台建设为重点，建立完善

以产业导向为特点的外贸政策体系，打造对外交流合作的软硬环境等，为加快对外开放保驾护航。特别是“渝新欧”这一国内陆路跨境运输的创举，对我国直通欧洲国际铁路大通道（中欧班列）的创建功不可没。在中新互联互通项目框架支持下，西部陆海新通道脱胎于重庆“南向通道”，改变了中国西部地区“一江春水向东流”的开放格局，重庆再次起到关键作用。

1. 重点开放平台政策举措不断创新

紧紧围绕国家开放大局，成渝地区从高新区、加工贸易区的“优惠政策和资源要素支持”到国家级新区（两江新区、天府新区）“优惠政策+制度改革与创新”，再到自由贸易试验区的“开放制度创新”，再加上综合保税区、开放口岸推出大量支持政策和配套措施，开放平台建设举措不断创新。

在国家支持下，国务院先后批准重庆设立了重庆高新区（1991 年）、重庆经开区（1993 年）、两江新区（2010 年）；近年来，又陆续批准设立长寿经开区、璧山高新区等 5 个国家级高新区、经开区，以及两路寸滩保税港区、西永综保区等 4 个海关特殊监管区域；市政府先后批准设立了万盛、双桥等市级经开区，綦江、巫山等市级工业园区。目前，重庆拥有各级各类开发区 53 个，其中国家级新区 1 个、国家级开发区 11 个、市级开发区 41 个；设立全国第一个“水港+空港”保税区——重庆两路寸滩保税港区（2008 年）、我国内陆第一个国家级开发开放新区——重庆两江新区（2010 年）；落地中新（重庆）战略性互联互通示范项目（2015 年）、中国（重庆）自由贸易试验区（2017 年）等重大项目。此外，开放合作载体政策支撑体系不断完善，先后成为直通港澳肉菜供货基地，全国重点科技出口基地，全国汽车出口基地，国家科技兴贸创新基地，中国西部地区加工贸易梯度转移重点承接地，肉类、粮食、汽车等进口口岸，国家级服务贸易创新发展试点，国家跨境电子商务综合试验区等，获批在国内商业、外贸、旅游等领域开展扩大对外开放试点。

2. 对外贸易合作政策支撑体系不断升级

对接国家“一带一路”倡议，成渝地区加快深化对外贸易合作政策支撑体系。产业扶持政策从“三来一补”“两头在外”向“垂直整合”“一头在外、一头在内”转变；吸引外资的方式由优惠政策向环境营造转变；外贸扶持政策从以货物贸易为主到服务贸易与货物并重、以欧美发达市场为主向“一带一路”新兴市场转变；政策引导实现从重视基础设施建设和经济功能的城市硬实力向重视社会影响、文化影响、驱动模式的城市软实力转变；不断完善以“公、铁、空、水”综合交通枢纽为重点的“四向”国际物流大通道政策保障体系。

特别是“十三五”期间，成渝地区积极贯彻落实国家发展战略，深化开发开放平台合作，推动在自由贸易、投资便利化、口岸功能、国际产能合作、全球产业链布局等方面有机联动、先行先试。

一是共同推动长江经济带建设。2018 年 6 月，川渝两省（市）签署《深化成渝合作深入推动长江经济带发展行动计划（2018—2022 年）》。四川达州、重庆万州积极推动达万物流合作。达州瓮福物流基地挂牌落地“无水港”，万州港口航运服务功能延伸到达州；重庆三峡铁水物流公司、万州平湖滚装船运输服务公司等企业分别与四川顺程物流公司、达州公路物流园等企业签订物流合作协议，实现物流业务无缝对接。2019 年 6 月，西部陆海新通道万州班列经达州顺利启程。

二是共同推动西部陆海新通道建设。2019 年 7 月，重庆党政代表团赴四川考察期间，川渝两省（市）签署《合作共建中新（重庆）战略性互联互通示范项目“国际陆海贸易新通道”的框架协议》。8 月，国家正式印发《西部陆海新通道总体规划》，明确“着力打造国际性综合交通枢纽，充分发挥重庆位于‘一带一路’和长江经济带交汇点的区位优势，建设通道物流和运营组织中心；发挥成都国家重要商贸物流中心作用，增强对通道发展的引领带动作用”。9 月 6 日，第一次西部陆海新通道省际协商合作会议筹备会在重庆召开，13 个省（区、市）及广东湛江市相关领导参加。四川省参会领导在会上明确表示，支持重庆牵头建立西部陆海新通道省际协商合作机制。

三是共同推动中欧班列高质量发展。在重庆的积极推动下，为进一步提高中欧班列开行质量，建立健全班列服务体系，完善服务标准，2014 年重庆、成都等地与中国铁路总公司共同签署《关于建立中欧班列国内运输协调会备忘录》，2017 年重庆、四川等省（市）共同成立中欧班列运输协调委员会，及时解决了中欧班列开行问题，有效地促进了中欧班列健康可持续发展。2019 年 9 月，重庆与成都共同推动国家“一带一路”办公室和中国铁路集团出台《中欧班列高质量发展公约》，推动“一带一路”倡议走深走实。

在川渝合作背景下，重庆紧紧围绕国家赋予重庆的西部大开发的重要战略支点、“一带一路”和长江经济带联结点的功能定位，积极发挥重庆在国家区域发展和对外开放格局中的重要作用，依托团结村铁路口岸、航空口岸和两路寸滩水运口岸，发挥水陆空联运优势，加快推动中新（重庆）战略性互联互通示范项目、中国（重庆）自由贸易试验区落地实施。同时，重庆市委、市政府出台了一系列扩大开放、发展开放型经济、招商引资、改善投资环境的政策文件。开创内陆垂直整合笔记本电脑生产链模式，探索陆上贸易规则取得突破，“铁路提单信用证融资结算”全国推广，“保税+全球维修”制度创新不断深入，成功举办中国重庆高新技术成果及产品展示交易会、中国西部国际投资贸易洽谈会和中国国际智能产业博览会，入选世界银行营商环境评价体系，为重庆参与国际竞争创造了良好的政策环境。

全国、成都及重庆重要举措情况和成渝地区与西部城市的国家级开发开放平台比较情况分别见表 2-1 和表 2-2。

表 2-1 全国、成都及重庆重要举措情况

	全国	成都	重庆
重大举措	1979 年，创办深圳、珠海、汕头、厦门四个经济特区；1984 年，开放 14 个沿海港口城市；1985 年，长三角地区、珠三角地区和闽南三角区获批沿海经济开放区；20 世纪 90 年代以来，我国对外开放逐步由沿海向沿江沿边及内陆城市延伸；2001 年，加入世界贸易组织；2011 年，《成渝经济区区域规划》获批；2013 年，国内首个自由贸易试验区（上海）挂牌；2015 年，国家发布共建“一带一路”倡议与行动；2016 年，《成渝城市群发展规划》获批；2018 年，成功举办首届中国国际进口博览会；2019 年，谋划中国特色自由贸易港，《西部陆海新通道总体规划》发布	1979 年，四川省外贸局组团在香港特区举办四川省出口商品展销会；1985 年，美国驻成都总领事馆开馆；1987 年，首届自贡国际恐龙灯会经贸交易会举行；1992 年，西部首个国家级海峡两岸科技产业开发园获批；2000 年，国家级成都经济技术开发区挂牌，中国西部国际博览会落户成都；2014 年，四川天府新区获批，成都铁路口岸获批国家临时对外开放口岸；2017 年，中国（四川）自由贸易试验区成立；2019 年，成都国际铁路口岸综合保税区设立，外国人 144 小时过境免签政策落地成都	1980 年，重庆港水运口岸获批；1983 年，重庆第一次出台涉及对外开放的规划——《重庆市利用外资发展规划》，重庆实施“计划单列”并获得省级管理对外经贸的权限；1992 年，重庆被批准为沿江开放城市；1993 年，重庆经济技术开发区获批；1995 年，重庆机场被正式批准为对外籍飞机开放的口岸机场；1997 年，重庆直辖；2001 年，重庆出口加工区设立；2003 年，在 CEPA 框架下的渝港“9+1”和渝澳“8+1”经贸合作协议签署；2004 年，重庆客货第五航权获批；2008 年，万州经开区、长寿经开区等国家级开放平台获批；2012 年，重庆内陆进口肉类指定口岸获批；2013 年，重庆进口水果指定口岸获批；2015 年，璧山国家级高新技术产业开发区获批；2017 年，重庆进境粮食指定口岸获批，江津综保区获批；2018 年，涪陵综合保税区获批，永川和荣昌高新技术产业开发区升级为国家高新技术产业开发区，中国（重庆）国际投资暨全球采购会升级为中国西部国际投资贸易洽谈会，中国国际智能产业博览会获批；2019 年，进口药品和生物制品口岸首次获批以及赋予重庆铁路运邮的权限；重庆港口岸功能扩大到果园港区

续表

	全国	成都	重庆
重大政策	《关于推进贸易高质量发展的指导意见》《国务院关于进一步做好利用外资工作的意见》《中华人民共和国外商投资法实施条例》《交通强国建设纲要》《国务院关于支持自由贸易试验区深化改革创新若干措施的通知》《国务院办公厅转发商务部等部门关于扩大进口促进对外贸易平衡发展意见的通知》《国务院关于积极有效利用外资推动经济高质量发展若干措施的通知》《国务院关于同意深化服务贸易创新发展试点的批复》《国务院关于促进外资增长若干措施的通知》《国务院办公厅关于印发自由贸易试验区外商投资准入特别管理措施（负面清单）》等	《四川省进一步扩大和深化对外开放合作的意见》《四川省参与建设丝绸之路经济带和21世纪海上丝绸之路实施方案》《四川省国际（地区）合作园区发展规划（2020—2023年）》《四川电商营商高地建设总体方案》《关于印发中国（四川）自由贸易试验区“证照分离”改革全覆盖试点实施方案的通知》《四川省人民政府关于支持中国（四川）自由贸易试验区深化改革创新的实施意见》《四川省优化口岸营商环境促进跨境贸易便利化措施》等	《重庆市促进跨境贸易便利化工作方案》《重庆口岸提升跨境贸易便利化若干措施（试行）》《重庆市人民政府办公厅关于促进总部贸易转口贸易发展的实施意见》《重庆市人民政府办公厅关于加快总部经济发展的意见》《重庆市人民政府关于支持中国（重庆）自由贸易试验区深化改革创新的实施意见》《重庆市参与建设丝绸之路经济带和21世纪海上丝绸之路实施方案》等

表2-2　成渝地区与西部城市的国家级开发开放平台比较情况

城市	具体情况
成渝地区	国家级新区2个：两江新区、天府新区； 国家级政策开放平台3个：中国（重庆）自由贸易试验区、中新（重庆）战略性互联互通示范项目、中国（四川）自由贸易试验区； 国家级开发区15个：重庆高新技术产业开发区、重庆经济技术开发区、长寿经济技术开发区、万州经济技术开发区、璧山高新技术产业开发区、荣昌高新技术产业开发区、永川高新技术产业开发区、成都经济技术开发区、成都高新技术产业开发区、绵阳高新技术产业开发区、自贡高新技术产业开发区、乐山高新技术产业开发区、德阳高新技术产业开发区、泸州高新技术产业开发区、内江高新技术产业开发区； 海关特殊监管区域6个：两路寸滩保税港区、西永综合保税区、江津综合保税区、涪陵综合保税区、成都高新综合保税区、成都国际铁路港综保区； 保税监管场所6个：铁路保税物流中心（B型）、南彭公路保税物流中心（B型）、果园港保税物流中心（B型）、成都铁路保税物流中心（B型）、成都空港保税区物流中心（B型）、天府新区成都片区保税物流中心（B型）； 其他国家级开发开放平台2个：重庆临空经济示范区、成都临空经济示范区

续表

城市	具体情况
西安	国家级新区 1 个：西咸新区； 国家级开放平台 1 个：中国（陕西）自由贸易试验区； 国家级开发区 4 个：西安经济技术开发区、陕西航空经济技术开发区、陕西航天经济技术开发区、西安高新技术产业开发区； 海关特殊监管区 4 个：西安综合保税区、陕西西安出口加工区、西安高新综合保税区、西安航空基地综合保税区； 保税监管场所 1 个：西安空港综合保税物流中心（B 型）； 其他国家级开发开放平台 1 个：西安临空经济示范区
昆明	国家级新区 1 个：滇中新区； 国家级开放平台 1 个：中国（云南）自由贸易试验区； 国家级开发区 3 个：昆明经济技术开发区、嵩明杨林经济技术开发区、昆明高新技术产业开发区； 海关特殊监管区 1 个：昆明综合保税区； 保税监管场所 2 个：昆明高新保税物流中心（B 型）、腾俊国际陆港保税物流中心（B 型）
贵阳	国家级新区 1 个：贵安新区； 国家级开放平台 2 个：贵阳经济技术开发区、贵阳高新技术产业开发区； 海关特殊监管区 1 个：贵阳综合保税区； 其他国家级开发开放平台 1 个：贵阳临空经济示范区

（三）科技体制改革不断深化，创新一体化发展水平持续提升

成渝地区深入推进科技体制改革，优化创新生态环境，创新活力竞相迸发。重庆对标对表中央改革部署和市委改革要求，狠抓深化科技体制改革，推动全市科技创新迈出新步伐，取得了积极进展，改革典型经验多次获得中央和国家部委表彰肯定。四川强化政策支持，探索形成了一批可复制、可推广的经验，被确定为国家系统推进全面创新改革试验区。国务院第六次大督查中，重庆和四川推动创新驱动发展的典型经验做法均获得国务院通报表扬。

1. 深化科研项目管理改革

重庆开展科研项目经费“包干制”、科研项目结题备案制、非共识项目生成机制、科技创新基地稳定支持、重大技术需求项目张榜招标等改革试点，优化项目管理方式，精简项目管理流程，下放经费管理权限，实行管理过程、

责任主体“两个全覆盖”的科研诚信管理。四川省科技厅等七部门制定扩大高校和科研院所科研自主权政策措施17条，推进科研项目评审、科技人才评价、科研机构评估制度建设，实行省级科技计划项目无纸化申报，配套奖励国家科技奖励获奖项目，完善科研诚信问题举报调查处理、科技计划项目监督工作规程、科技计划监督工作规定等配套制度。

2. 推进科技成果初始权益分配改革

重庆修订《重庆市促进科技成果转化条例》，制定促进高校科研院所科技成果转化若干措施，出台成果使用、处置不再审批或备案和不进行资产评估、可协议定价的衔接配套制度，推动西南大学等5家高校和科研院所开展深化科技成果初始权益分配改革试点工作，出台高校院所职务科技成果分配改革试点方案。四川省深化科技成果产权制度改革，职务科技成果权属混合所有制改革扩大到45家试点单位，完成分割确权专利551件，作价入股创办企业60余家，带动企业投资近30亿元。

3. 强化科技创新服务

重庆15项科技创新服务事项纳入全市一体化政务服务平台，实行科研项目第三方管理，一个服务窗口对外。完善科技资源共享机制，开放共享科技资源数据273TB、科研仪器设施9558台（套），为6341家企业提供检验检测、研究开发等服务1.4万余次。建立西部科技金融路演中心，设立科技金融服务中心45个，服务企业4526家。依托技术创新专利导航平台，开发应用“对手通”系统，服务企业近2万家。四川成都率先在全国开展技术经纪职称评定，升级打造“科创通”创新创业平台，增强线上线下互动核心功能，聚集双创企业（团队）28645家，开发科技服务产品2387款，发布科技成果2237项。通过“科创投”“科创贷”“科创保”等平台，组建天使基金13支，规模14.06亿元，轻资产科技型企业贷款资金池达到53.22亿元，支持科技型企业投保科技与专利保险296.65亿元。

4. 科技创新一体化发展提速

2018年，重庆市科技局与四川省科技厅签署《推动科技协同创新战略合作协议》，明确了6个合作方向，并建立务实长效合作机制。重庆市科技局与广安深入合作，2008年以来累计支持广安高端装备制造、电子信息、生物医药、医疗器械等科技合作项目47个、资金支持1600万元，与泸州、内江、荣昌、永川4个国家高新区签订产业联盟合作协议。以重庆高新区、重庆两江新区、四川泸州高新区为重点，开展面向汽车、物联网、集成电路、工程机械4个典型产业的应用示范服务。推动广安、潼南、达万、泸内、荣永等成渝地区双城经济圈合作示范区科技合作，共建汽车摩托车、智能制造和电子信息产业集群。与四川高校共建电子科技大学重庆产业技术研究院、电子产业技术研究院、四川大学南川研究院等。持续推进国家技术转移西南中心省级区域中心建设工作。成渝两地科研单位联合申报了多个国家重点研发计划项目。

二、主要成效

（一）综合经济实力和竞争能力不断增强

改革开放以来，川渝地区着力推动经济持续健康发展，综合实力实现新跨越。

1. 经济规模“三级跳”

川渝地区国内生产总值（GDP）实现从百亿元（1978年）到千亿元（1991年）、万亿元（2005年），再到7万亿元（2020年）的历史性跨越。2020年GDP达到73601.6亿元，占西部地区总量的31.5%，上升至全国第三，较1978年提高了三位。川渝地区经济规模和经济结构发展趋势见图2-1。

2. 经济结构优化加快

1978年，川渝地区三次产业结构为44.5∶35.5∶20.0，“一二三”特征明显；1991年，三次产业结构调整为33.4∶37.0∶29.6，呈现“二一三”特征；2015年，服务业比重超过第二产业，成为经济发展新引擎；2020年，川渝地区三次产业结构调整为9.1∶37.7∶53.2。见图2-1。

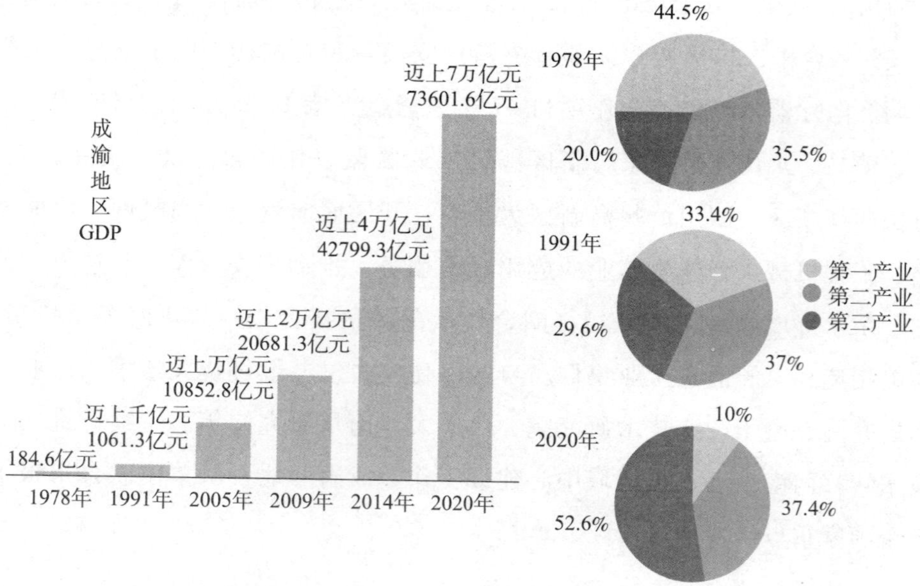

图 2-1　川渝地区经济规模和经济结构发展趋势

3. 川渝农业发展具备比较优势

四川、重庆耕地 1.36 亿亩[①]，占全国耕地总面积的 6.7%，养活了全国 8.2%的人口。其中，粮食、油料、蔬菜、柑橘、茶叶播种面积分别占全国的 7.1%、14.1%、10.3%、20.9%、14.0%。川渝地区山川秀美，田园风光独特，巴蜀民居特色鲜明，乡村旅游资源富集，是全国以“农家乐”为代表的乡村旅游发源地之一，农业综合效益较高。两地毗邻地区的农业合作已成雏形，重庆荣昌、潼南和四川武胜、邻水、安岳等建立合作产业园，一批农业合作项目成功营运，两地市场联动、人员互访、科技交流不断展开。在农产品流通、农业综合执法、重大动物疫病防控等领域高效互动，已形成较好的合作基础。

4. 我国制造业重要集聚区初具规模

川渝地区依托良好的区位优势和国家老工业基地产业基础，抢抓国家重

① 1 亩≈666.67 平方米。

大战略机遇，不断调整优化产业结构，制造业体系逐步健全，发展水平稳步提升。截至2020年底，川渝地区规模工业增加值27563.31亿元，其中，四川17571.1亿元、重庆9992.2亿元。四川在集成电路、软件等细分领域具有相对优势，拥有英特尔、德州仪器、申威半导体等100多家集成电路企业，软件信息服务规模超过3000亿元；重庆在笔记本电脑、手机等细分领域具有相对优势，笔记本电脑产量约占全球的1/3、手机产量约占全球的11.4%。两地天然气（页岩气）资源均较丰富，四川在苯、PX（对二甲苯）等基础化工原料领域较有优势，重庆在下游合成材料方面技术水平较高。

5. 现代服务业规模持续扩大

现代服务业已成为川渝地区发展的重要引擎。四川服务业占GDP的比重从1978年的20.7%跃升至2020年的52.4%。2018年，重庆服务业总量突破1万亿元大关，到2020年达到25471.1亿元，金融、旅游合作日益成为川渝地区发展现代服务业的重要方向。川渝地区建设金融中心已经具备较好的基础。2020年，重庆金融业增加值占GDP的8.9%，比2019年提高0.1个百分点；四川银行业金融机构资产总额11.4万亿元，比2019年增长11.1%，产业发展具有较好基础。川渝地区社会融资规模、存贷款余额、保费收入均稳居西部第一，实现了银行、证券、保险、新型金融等20余类机构牌照的全覆盖，机构牌照在西部最为齐全。产品市场体系比较健全。目前，重庆要素市场达到15家，其中，保险资产登记交易系统、石油天然气交易中心是西部地区2个重要的全国性交易场所。成都推动科创股权基金聚集发展，开展投贷联动业务，构建起风险投资、债权融资、IPO上市组成的“梯形融资体系”，川渝两地市场体系发育良好。从金融营商环境看，川渝地区监管水平较高、法治环境较好、风险总体可控。目前，四川、重庆签订了战略合作协议，并初步建立了会商机制，在共同打造国家级红色旅游示范带及精品线路、开通川渝旅游直通车、互相支持各类大型节会、文化旅游推介活动、联合执法检查等方面进行了有益探索。川渝地区自然风光秀美，文化积淀深厚，文旅资源丰富，旅游产业发展良好，两地协同打造巴蜀文化旅游走廊初具成效。2019年，川渝旅游总收入达到1.73万亿元，其中，重庆约占33%、四川约占67%；接待国内游客人数14.01亿人次，其中，重庆约占46%、四川约占54%。

6. 新动能加快培育

川渝地区以冶金、机械和轻纺等传统产业为主，逐步升级到以电子信息、汽车、酒饮料精制茶、医药等优势产业为支柱。川渝地区数字经济发展势头强劲，数字经济国际合作不断深入，数字化治理能力不断提升，“两化”融合指数、5G网络等新型基础设施建设进入全国第一方阵，在全国的地位日益突出。2020年重庆高技术制造业和战略性新兴产业增加值分别增长12.6%、11.6%，四川规模以上高新技术产业实现营业收入14448.5亿元，增速达到12.9%。川渝地区白酒产量占全国的比重超过30%，笔记本电脑产量占全国的比重超过43%，移动手机产量占全国的18.2%，汽车产量占全国的9.2%，拥有中国“独角兽”100强企业4家①，居西部首位。

川渝地区及西部省（市）企业入选2020年“中国企业500强”情况见表2-3。

表2-3　川渝地区及西部省（市）企业入选2020年“中国企业500强”情况

城市	中国企业500强（家）	中国民营企业500强（家）
川渝地区	30	24
陕西	9	4
云南	2	2
贵州	3	2

（二）对外开放通道和枢纽功能不断提升

川渝地区不断加快“四向”连通、“四式”联运、“四流”融合的开放通道建设，通过铁、空、水、公“四位一体”国际通道网络，形成以川渝为核

① 重庆中科云从科技公司、重庆猪八戒网络公司、成都医云科技公司、成都市极米科技公司。

心的亚蓉渝欧立体大通道体系。

一是西向国际大通道成效显著。依托中欧（重庆）、中欧（成都）国际铁路，畅通与欧洲的陆上贸易大通道。2020 年，川渝中欧班列已通达 24 个境外城市、连通 14 个国内沿海沿边城市，开行量近 5000 列，累计开行 14000 列，持续领跑全国中欧班列。

二是南下西部陆海贸易新通道初具规模。目前，形成跨境公路运输、国际铁海联运以及国际铁路联运等运输模式，通达至新加坡等 90 个国家、190 个港口。

三是东出长江物流大通道优势突出。依托长江黄金水道，积极与上海、天津、宁波、青岛、日照等港口合作，构建辐射日韩、连通欧美的洲际江海铁联运通道。

四是北上国际物流大通道不断拓展。通过“渝满俄”“蓉俄”班列，进一步提升了中俄经贸合作层次，通过兰渝铁路、渝襄及复线，强化川渝地区与大西北、京津冀、东亚的联系。

五是空中国际大通道中西部领先。以双流国际机场、江北国际机场为核心，国际航空通道建设步入快车道。目前，川渝地区的国际（地区）航线数量超过 116 条，双流国际机场年旅客吞吐量突破 5000 万人次，江北国际机场年货运保障能力达到 110 万吨，2020 年国际（地区）货邮吞吐量达到 15 万吨以上，连续五年保持中西部第一。

六是川渝地区枢纽功能不断提升。在《国家物流枢纽布局和建设规划》中，川渝各省（市）成为国家陆港型、空港型、港口型、生产服务型、商贸服务型五类型物流枢纽布局承载城市。2020 年，《国家综合立体交通网规划纲要》将成渝地区双城经济圈和京津冀、长三角、粤港澳大湾区四“极”列为国际综合交通枢纽集群。

（三）创新能力不断提升，创新发展成效显著

近年来，川渝地区的研发投入稳步增长，高技术产业和战略性新兴产业

规模逐步壮大，创新成果大量产出，创新人才不断集聚，创新开放活力进一步增强。研发经费投入强度不断提升。2020 年，重庆全社会研发经费支出年均增长 17.4%，占地区生产总值的 2.1%。2019 年，四川全社会研发投入 871 亿元，总量居全国第八位、西部第一位。专利密度大幅提升。重庆专利授权量从 2015 年的 3.9 万件增长到 2020 年的 5.5 万件；2020 年，四川专利授权 10.8 万件，比 2015 年增长 66.9%。创新主体持续壮大。2020 年，川渝地区高新技术企业共 12376 家。其中，重庆拥有高新技术企业 4222 家、国家重点实验室 10 个、国家级工程技术研究中心 10 个；四川拥有高新技术企业 8154 家。创新活力竞相迸发。2020 年，重庆技术市场签订成交合同 3592 项，成交金额 154.2 亿元；四川专利新增实施项目 13406 个，新增产值 2198.9 亿元。

（四）重点开放平台和改革示范效应不断彰显

目前，川渝地区积极通过顶层设计、增加保障制度供给，不断深化对标国际投资贸易通行规则的制度创新，加快完善国际化、市场化、法治化的营商环境，形成一批可复制、可推广的基础性制度和核心制度，在西部地区的带动效应持续发酵。

1. 国家级新区体制机制创新深入推进

两江新区在西部地区率先实现保税租赁飞机业务“零的突破”，加快推进全球维修国内试点，以结算金融、跨境金融为突破口，深化人民币对外投资、境外发债、境外商业贷款、跨国公司跨境人民币双向资金池等试点工作，推动奥特莱斯房地产投资信托在新加坡交易所开市，设立蚂蚁金服跨境人民币账户。“双创”示范基地建设得到国务院办公厅通报表彰。同时，面向全球，积极争取国家授权外籍人员重庆试点实施技术移民、申请在华永久居留、外籍高层次人才唯一住房暂免征收房产税等制度支持。天府新区创建全国首个能源互联网国家示范区。加快推进营商环境建设，设立 ADR 商事中心，引入深圳蓝海四川工作室（外国法查明中心），加快提升涉外法律援助水平；率先建立与人民银行国库专线系统联系，实现全域全税种电子退税；将军碑社区卫生服务中心正式开通国际保险结算服务。同时，加快全域国际化社区的探索，初步形成“泛社区”“五线工作法”“五步工作法”“共参与”机制等可复制、可推广的国际化社区建设经验。

2. 自由贸易试验区制度创新红利不断释放

围绕跨境贸易便利化，自由贸易试验区口岸服务水平、通关效率持续提高。海关监管模式改革取得新进展。取消保税仓储 3 个月期限限制，顺利开展平行进口汽车保税仓储业务。“单一窗口”建设良好，已成功对接重庆涉及国际贸易链的 22 家单位 54 个系统，实现水运、航空、铁路物流信息共享和业务协同功能应用，申报覆盖率达 100%，位居中西部第一。平安银行重庆分行设立平安银行重庆自由贸易试验区分行，江北嘴金融科技港揭牌成立，金融创新生态园加快构建。目前，中国（重庆）自由贸易试验区累计形成 197 项制度创新成果，全国首创 23 项，其中，铁路提单信用证融资结算、海关特殊监管区域“四自一简”、知识价值信用融资新模式、市场综合监管大数据平台等 12 项经验和案例已经在全国复制推广。中国（成都）自由贸易试验区先后形成全国银行间市场首单“双创债”、企鹅医生“互联网+医疗创新”、全国地方股权交易市场上创立的首个自由贸易试验区外国企业跨境展示专区等 400 多个制度创新实践案例，完成 119 项试验改革任务，形成了 5 项拟向全国复制推广经验。

3. 中新（重庆）战略性互联互通示范项目辐射带动不断增强

中新双方累计签署各类平台合作协议 66 个，签约合作项目 211 个、总金额约 318 亿美元，落地率超过 80%。中新互联互通项目逐渐成为共建“一带一路”国际合作新名片。启动运营中国首条、针对单一国家、点对点的中新（重庆）国际互联网数据专用通道，并已接入两江新区数字经济产业园、渝北区仙桃数据谷、中国智谷（重庆）科技园、永川高新区软件产业园等 7 个产业园区。外商独资综合性医院——莱佛士重庆医院已正式运营。充分发挥重庆运营中心作用，联动西部兄弟省区建立陆海新通道“1+3+1”合作机制，目前，已助力陆海新通道国内“朋友圈”拓展至西部所有省（自治区、直辖市）。建立并向西部其他省（自治区）复制推广中新跨境融资模式，四川、新疆、陕西等6个省（自治区）及湖北省企业通过中新跨境融资通道融资逾40亿美元，占中新跨境融资通道融资量的36.4%，有效降低了西部企业融资成本。与新方联合在渝举办中国西部中新Reits论坛、新加坡交易所中国投资人推介会等研讨、宣介活动，指导、协助西部省（自治区）500多家企业及投资机构对接新加坡国际资本市场。推动重庆22个区（县）参与项目合作，帮助璧山区、武隆区等赴新召开专场推介会。

4. 共建陆海新通道构筑西部对外开放新动脉

牵头建立省际联动合作协商机制。推动国家发展改革委牵头建立西部陆海新通道省部际联席会议制度。西部12个省（自治区、直辖市）和海南、广东湛江于2019年10月在重庆签署共建协议。组织西部陆海新通道沿线的海关、建设银行分别签署了《区域海关共同支持西部陆海新通道建设合作备忘录》和《金融服务西部陆海新通道建设框架协议》，推动西部陆海新通道便利化通关和金融保证机制取得显著成效。构建复合高效的物流组织体系。已基本建成铁海联运班列、国际铁路联运班列、跨境公路班车3种主要运输模式，形成一条跨欧亚大陆、连接东南亚市场的国际铁路联运大通道，辐射“21世纪海上丝绸之路”沿线国家和地区。打造融合发展的产业联动体系。重庆与广西率先成立西部陆海新通道运营平台公司，并成立贵州、甘肃合作区域公司。推行全程“一口价、一单制、一条龙”服务模式，开展跨区域货物集结集拼业务，创新铁路箱“原箱下海、一箱到底”运输模式等。推动铁路部门对陆海新通道铁海联运集装箱运价下浮30%，单个标箱减少2000余元。运输货物品类扩展至300余种品类，辐射84个国家和地区的203个港口，助力本地企业融入全球供应链。

5. 口岸开放创新持续保持活力

在水运口岸方面，果园港作为全国内河最大的多式联运港，实现长江黄金水道、陆海新通道和中欧班列（重庆）三大国际物流通道的无缝连接，得到国家西部地区唯一水港型国家物流枢纽、重庆港口岸扩大开放果园港区等国家政策的扶持。果园港在着力打造多式联运物流转运中心的同时，加快大宗商品交易平台建设，推动重庆与陕西携手打造的西部大宗商品现货交易市场成功落户。在铁路口岸方面，在巩固国际班列开行数量领先的同时，致力于推动班列提升效能。在加快完善首创的中欧班列多式联运“一单制”功能的同时，积极向木材、红酒等领域拓展。全国首创集拼集运新模式，促进和提升中欧班列（成都）往返重载率，降低运行成本。结合中欧班列全程宽轨、窄轨线路的运输能力情况，成都与哈铁合作创新推出“三并二”运输模式，有效降低班列成本。在航空口岸方面，重庆江北国际机场具备口岸落地签证签注、5 年期台胞证换发、过境 144 小时免签、保税航油、离境退税、进出境免税商店 6 项特殊功能。2020 年，重庆航空口岸出入境外国人达到 33 万余人次。成都航空口岸实行 7×24 小时通关保障，外国人 144 小时过境免签停留范围扩展到了成都、雅安、内江、宜宾等 11 个市，进一步推动目的地机场向重要国际中转枢纽机场转型。

（五）开放型经济发展带动作用不断增强

川渝地区积极对接“一带一路”愿景，抢抓长江经济带、新时代西部大开发等国家重大战略机遇，开放水平不断提升。

一是对外贸易持续扩大。川渝地区货物进出口总额从 1978 年的 0. 4 亿美元起步到 1991 年迈上 10 亿美元台阶，2004 年进一步跃上 100 亿美元台阶，再到 2012 年突破 1000 亿美元关口，2014 年更是冲上 1500 亿美元台阶。2020 年货物进出口总额达到 14595. 3 亿美元，保持西部首位。

二是实际利用外资保持稳定。1996 年，实际利用外资突破 10 亿美元，2010 年迈上 100 亿美元台阶，2011 年站上 200 亿美元台阶，直至 2020 年基本保持 200 亿美元的规模。在川渝地区落户的“世界 500 强”企业超过 287 家，外商投资企业超过 50000 家，出口产品 5600 余种。

三是“走出去”步伐加快。对外承包工程完成营业额从1981年的不足1000万美元增长到2020年的57.5亿美元，累计新批境外投资企业超过1500家，对外投资总额超过300亿美元。

四是国际对外交流合作更加广泛。四川与220多个国家和地区建立了经贸关系，在四川设立领事馆的国家增至17个，数量居内地第三位。川渝地区建立国际友城和友好合作关系超过400对，其中，重庆友好城市46个、友好关系城市97个。

2004—2020年四川、重庆外贸规模见图2-2。

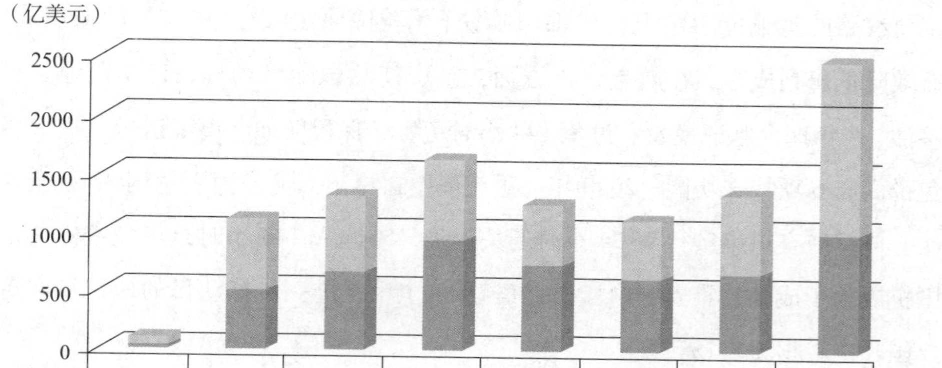

	2004	2012	2013	2014	2015	2016	2017	2020 （年份）
四川	68.7	591.3	645.8	702	511.9	493.5	681.1	1474.8
重庆	38.6	532	687	954.5	744.8	627.7	666	1002.6

图2-2　2004—2020年四川、重庆外贸规模

（六）川渝地区合作一体化进程不断加快

党的十五届四中全会正式提出西部大开发战略，要求成渝两省（市）、川渝两地密切合作。此后20年间，从毗邻协作到政府高层推动再到国家战略，川渝合作不断深化。尤其是近几年，在国家和两省（市）政府的共同推动下，川渝两地由背向转为相向发展，一体化进程不断加快。

一是川渝产业合作不断加强。川渝共建轨道交通关键零部件数字化铸造工厂示范工程在资阳建成投产。四川建安车桥公司在重庆建立生产基地。邻水渝广共建机电产业园 70%的企业来自重庆、80%的产品为重庆配套。永川龙头企业重庆理文造纸有限公司携手四川造纸企业，共同打造永川区首个百亿元产业集群。重庆再升科技股份有限公司在达州宣汉投资建立子公司生产玻璃纤维。此外，川渝两地企业共建一批蔬菜供应、特色水果、禽种供种基地。

二是交通互联互通水平显著提升。当前，川渝城市群已形成空、铁、水、公立体交通网络体系，内畅外联的交通格局初步形成。川渝间通行时间由原来的 3 小时压缩到约 1.5 小时，川渝“双城生活”已经实现。同时，成渝中线高铁、成达万高铁、南（充）—大（足）—泸（州）高速公路等重点项目已启动建设。

三是能源、通信等其他设施互联互通取得突破。川电入渝、百 G 数据链路等重大能源、通信项目加快推进。川渝电网一体化建设加快推进，2018 年川水电送渝 53 亿千瓦·时。2019 年 9 月，川渝携手建设的涪江干流双江航电枢纽正式开工，为涪江全江渠化和全流域复航工程建设按下了“快进键”。重点区域通信一体化稳步推进，2018 年 6 月广安市邻水县高滩川渝合作示范园正式启用“023”电话区号，成为四川首个启用重庆电话区号的地区。四川、重庆携手成立长征渠饮水工程协调小组，横跨川渝的长征渠引水工程进入实质性勘测阶段。

（七）川渝高质量发展改革成果不断丰富

川渝地区在全面深化改革进程中，抓重点领域、抓关键环节、抓关键节点，集中攻坚，打出系列“组合拳”，在供给侧结构性改革、统筹城乡改革、营商环境改善等重点领域成果丰硕，部分成果在全国具有示范作用。

一是供给侧结构性改革不断深入。川渝地区以“三去一降一补”为主线，推动质量变革、效率变革、动力变革，地区经济结构调整亮点不断涌现。以重庆为例，在去产能方面，2020 年，全市淘汰煤电行业落后产能 57 万千瓦，去除煤炭产能 1464 万吨。高技术产业和战略性新兴产业对工业增长贡献率分别达到 37.9%、55.7%，在西部地区示范作用不断显现。

二是统筹城乡改革不断突破。川渝地区坚持推进以人为核心的新型城镇化和农业现代化，统筹抓好“人、地、钱”3个关键，逐步破除妨碍城乡要素自由流动和平等交换的体制机制壁垒，城乡资源要素流动更加顺畅，城乡发展的均衡性、协调性显著增强，并取得较好的成绩。例如，2006—2020年，重庆城乡居民收入比从4.03∶1缩小到2.45∶1，农村常住居民可支配收入占全国平均水平的比例由77.3%提高到95.5%，常住人口城镇化率由46.7%提高到69.5%，1919个贫困村全部脱贫出列，14个贫困区（县）全部“摘帽”，绝对贫困历史性消除，城乡一体融合发展格局初步形成。

三是社保公共服务能力不断提升。目前，川渝各地均建立了省级到村（社区）级经办管理服务体系，社保服务基本延伸到群众身边。两地均推行受审分离的综合柜员制业务经办模式，以信息化为支撑推进网上办、掌上办。重庆依托部市共建的中国社会保险公共服务标准化示范基地，推进流程再造，对外服务的125项业务均可实行网上办理，网办率100%；开展业务档案数字一体化试点，积极推进“全渝通办”。2004年起，川渝两地的养老保险待遇领取资格认证实现结论互认。2013年，重庆率先在西南地区利用部级异地退管系统开展领取养老保险待遇资格协助认证，四川从2015年起也纳入该系统。目前，川渝两地已开展劳动能力鉴定方面的协作，长期居住在四川且行动不便的被鉴定人，可由重庆市劳动能力鉴定委员会委托四川省劳动能力鉴定委员会鉴定。川渝两地加载金融功能的社会保障卡基本实现全覆盖，应用范围不断得到推广。

四是法治体制机制创新不断加强。川渝两地司法行政系统充分发挥各自优势，不断强化法治领域交流合作，探索推动法治建设的体制机制创新，切实为两地经济社会发展营造了更加便捷优质的法治环境。2015年，长江经济带省（市）律师协会共同签署《长江经济带律协会长年会机制备忘录》，成为第一个横跨东中西部的区域性互动交流合作机制。2019年，川渝两地律师协会共同签署了助推川渝城市群发展与融合的合作协议，鼓励川渝两地律师事务所规模化发展，设立联盟或达成代理合作，推动建立川渝律师跨区域执业维权案件快速联动协作机制，每年定期组织川渝两地律师协会或专委会，依托办理商业交易（非诉讼）项目、代理经济诉讼仲裁等平台，实行跨区域执业维权案件快速联动协作，为两地律师提供执业救济和执业便利，推动两地公共法律服务领域合作向纵深推进。

五是营商环境不断优化。对标世界银行标准和国家发展改革委营商环境评价体系，川渝地区聚焦打造国际化、法治化、便利化营商环境，推动营商环境建设举措不断优化。成都把 2019 年确定为“国际化营商环境建设年”，出台《深化营商环境综合改革　打造国际化营商环境先进城市的行动方案》及行动计划 10 个、民营经济健康发展 25 条、降低民营企业生产经营成本七大政策等配套文件，为优化营商环境提供强有力的政策支撑。重庆作为中国营商环境的样本城市参与世界银行评价，出台了《重庆市营商环境优化提升工作方案》，从精简企业开办流程、压减企业开办耗时、降低开办企业费用，到实现企业开办“一网通办、一窗受理、并联办理”，为企业提供便利；达到工商业电价平均再降低 10%的要求，降低用水、用气价格，降低获得网络费用；进一步优化营商环境，推动重庆经济高质量发展。

第二节　成渝地区改革开放中存在的问题及成因分析

改革开放尤其是党的十八大以来，川渝地区对外开放取得了明显成效，但成渝地区在一体化进程和改革开放中仍存在着突出矛盾和问题。

一、重大基础设施建设不完善，“一带一路”与长江经济带联接点功能不能有效发挥

川渝地区公、铁、水、空对外交通大通道和信息基础设施建设还不完善，双城都市圈之间互联互通不足，物流成本偏高、物流效率比较优势不突出。

一是对外交通基础设施建设运能不足。西向经新疆连接中吉乌铁路融入中亚的通道有待完善，兰渝铁路物流成本较高，利用率偏低，新疆口岸通行能力有限，中欧班列重载率尤其是回程重载率偏低。北向经蒙古国到俄罗斯的铁路轨制、运力有待改善。南向、东向川渝线、渝怀线、川黔线、襄渝线等干线铁路客货混行、运能趋近饱和，高铁建设严重滞后，对外通道经云南昆明、大理连接东南亚、南亚的中老、中缅、中越铁路通道还不顺畅，经贵阳、怀化、百色至北部湾港的运力不足、成本较高；长江沿线通道运输方式单一，三峡船闸拥堵常态化，运输时间不稳定，长江枯水期涪陵至重庆主城、四川宜宾段航道水深不足，制约着长江大型船只发展。国际空中通道偏少，重庆、成都与全球部分区域中心城市还未建立直飞航线，与国际航空枢纽和机场城市存在一定差距。

二是川渝地区内部互联互通不足。川渝地区铁路网络不够发达，成渝地区高铁运营里程不足1400千米，仅开通成绵乐、川渝、渝万3条具有城际功能的铁路，连接枢纽城市、节点城市的城际快速公路、铁路交通网络体系不完善。支撑核心城市与周边城市间实现轨道交通公交式运营的快速轨道交通线网较为薄弱，与长三角地区相比，差距明显。沿江港口建设缺乏统筹，航道等级整体水平较低，四川四级及以上的高等级航道仅占13.1%。

三是信息基础设施水平有待提高。数据正逐渐成为新的生产要素、基础设施，川渝地区以5G、人工智能、工业互联网和物联网、云计算、网络安全等为代表的信息基础设施建设相对不足，通达国际互联网的直连数据专用通道等覆盖面不足。

二、重大开发开放平台布局不优，区域发展合力释放不足

川渝地区作为“一带一路”和长江经济带的连接点，有大量国家级物流枢纽和开发开放平台，这些平台对川渝地区产业发展的支撑力度还不够，跨地区和地区内部的平台之间也尚未形成发展合力。

一是平台对川渝地区产业发展的支撑力度不够。川渝地区目前已经拥有

陆港型、空港型、港口型、生产服务型、商贸服务型5个类型的国家物流枢纽以及自由贸易试验区、中新（重庆）互联互通示范项目、国家级新区、保税港区、经开区、高新区等重点开发开放平台，但这些平台大多集聚在成都、重庆主城区周边，川渝主轴经济带上的布局还不够，对产业的支撑和带动力不足。同时，重庆被确定为西部陆海新通道物流和运营组织中心，但统筹运营、规则设计、货源调配等功能还不足。

二是平台间政策互联互通不足。川渝地区高新区、经济技术开发区、自由贸易试验区功能定位相似，同质化竞争激烈，横纵向合作或差异化发展不足。开放政策协同不足，国家给予的创新政策支持在申请上、使用上存在割裂化、碎片化情形，川渝两地内部以及川渝两地之间没有实现共享共用，还处于抢夺各类国家政策的阶段，影响政策效应的发挥。多式联运跨省各种运输方式之间仍未完全实现无缝衔接，货物转运集散分拨没有通盘谋划，航空口岸过境144小时免签停留范围仍不能跨省，影响开放功能的发挥。

三是平台对外开放程度不够。川渝地区虽然拥有了水、空、铁开放口岸，但口岸功能分布不尽合理。如重庆铁路口岸不具备进口水果、入境粮食等特殊商品监管功能，进口特殊商品受限；果园港作为长江上游的枢纽港，一类开放口岸功能尚未落地，集疏运系统建设滞后，在一定程度上影响了物流枢纽和口岸功能的发挥。

三、创新能力总体不强，与国内发达地区仍有较大差距

对比京津冀地区、长三角地区、粤港澳大湾区等重点区域及北京、天津、上海、南京、广州、深圳等城市，川渝地区在科技创新方面存在较大短板。高新技术企业实力总体不强。2020年，成渝地区高新技术企业共12376家，远落后于京津冀地区、粤港澳大湾区、长三角地区；“独角兽”企业不到粤港澳大湾区的1/5，科创板上市企业尚待突破，目前成渝地区尚为空白。高端创新资源较为匮乏。川渝地区“双一流”大学仅10所，远落后长三角地区（35所）、京津冀地区（41所）。大科学装置仅1个（成都高海拔宇宙线观测站），

远落后于京津冀（9 个）、长三角地区（15 个）。创新技术转移转化不够活跃。缺乏科技资源共享和公共服务平台。川渝地区暂无共建的科研成果研发和成果转移转化基地，科技资源整合、信息开发共享互动、技术成果交易服务的力度不够，影响了技术市场的融合进程。

四、开放型经济国际竞争力不强，区域辐射带动能力有限

川渝地区开放型经济起步较晚，开放型经济支柱产业整体竞争力还不强，对外贸易规模、结构还不够优化，城市开放度与国际化水平还不高，对周边的辐射带动力有待提升。

一是开放型产业国际竞争力不强。川渝地区传统优势产业汽摩、笔电、冶金、机电等产业产品同质化现象较严重，外向型产业结构较为单一，产业配套体系不健全，物流综合成本偏高，无论是面向欧美市场的中高端产品，还是面向亚非拉市场的中低端产品，国际竞争力都还不够强、外向度还不高。与此同时，在中美贸易摩擦背景下，尚处于起步阶段的智能制造、生物医药等战略性新兴产业提高外向度的难度也较大。

二是对外贸易的国际竞争力不强。川渝地区受产业结构影响，一般贸易占比偏低，加工贸易结构单一，加工贸易在附加值、税收、品牌等方面的综合效益较低。区域性货物集聚、调度、转口能力不足，与西南、西北地区合作不足，贸易腹地范围有限，产业布局的竞争力和产品的辐射能力不足。内陆市场需求挖掘不充分，对外服务贸易规模较小，跨境人民币结算、第三方支付结算、跨境电商、平行进口、保税物流等新业态刚刚起步。

三是利用外资和“走出去”的国际竞争力不强。全球供应链、价值链、产业链的国际化市场主体不多，物流、水电气等综合要素成本仍较高，法律、会计、中介咨询、公关等城市涉外服务功能较弱，国际性文化交流、国际性赛事和会议会展活动少，产业链头部企业、供应链枢纽企业、价值链核心企业以及“独角兽”及隐形冠军企业等集聚能力还有待加强，目前川渝地区外资企业存量 5 万家，相当于苏州市的水平，与广东 10 万多家的规模也存在一

定差距；国际游客数量不到纽约、巴黎、伦敦等国际大都市的1/4，外籍侨民占本地人口比重低于20%国际普遍水平。在双向投资中，对外投资存量少，投资领域不宽，开展国际产能合作、国际技术合作、国际资金利用能力不足。

五、区域不平衡问题依然突出，区域合作和一体化改革有待加强

与长三角、珠三角、京津冀等地区相比，成渝地区还有较大差距，区域发展不平衡，一体化进程较为缓慢，面临诸多突出矛盾和障碍。

一是两地城镇空间体系有待进一步完善。成都和重庆两大都市圈对川渝发展主轴的辐射和带动能力有限，次级城市发育不足，经济腹地不足。除重庆主城区、成都外，超过100万人口的大城市仅4个，重庆主城区、成都之间，缺少经济总量大、发展质量优、支撑能力强的区域中心城市作为相向发展的纽带和支撑。

二是区域合作体制机制不健全。区域合作和一体化改革缺乏具体“路线图”，科技创新协同发展机制、产业协作机制、基础设施共建共享机制等不完善，如川渝两地国家重点实验室、高等院校等国家级科研创新主体、重大科研平台的对接不足，科技资源共享难度较大；省级及以下等级交通基础设施存在多处“中梗阻”和“断头路”，四川在规划泸州、自贡、内江等川南片区的城市快轨时，缺乏与相邻的重庆荣昌和大足对接，合作不够深入。

三是区域行政壁垒仍未完全打破。川渝地区行政体制分割，形成了本区域利益优先和最大化的发展惯性。在协调层面，缺少高层次的统筹协调机制；在落实层面，尚未细化形成一批促进重大项目协调推进、招商引资协同开展、合作项目成本共担利益分享的精准化政策。统一开放的市场体系尚未形成，使得两地人才、土地、产权交易、金融资本等要素流动受阻，对川渝城市群一体化发展形成制约。

六、改革开放进入深水区，体制机制改革仍面临较多政策制约

川渝地区在扩大内陆开放和实现高质量发展转型过程中仍面临一些政策

制约，体制机制改革和创新的难度比较大。

一是对外开放体制机制创新有待完善。区域性的国内外协调机制未建立，国际货运班列、海运监管互认、信息共享、执法互助有待完善，跨境多式联运标准、运量、运价、运力、安全等协调机制有待强化，“一带一路”沿线国家相关机构缺乏一体化管理和互认机制，导致国际班列通关效率较低。陆上贸易规则有待完善，铁路运单仍处于试点阶段，铁空联运载具不统一，铁、公、水、空多式联运面临运输方式规制要求不同的现实障碍，多式联运规则、票证单据、承运人识别、责任划分、保险赔偿等方面的规定尚未统一，导致“一单制”推行难度较大。口岸开放机制创新不足，集货功能不能发挥，融资多元化、融资国际化、国际结算以及中央政策资金支持等投融资体制机制创新不足。

二是市场化、国际化、法治化的营商环境仍有待完善。政府服务效能与沿海地区仍有较大差距，企业注册、财税服务、人才服务、项目申报审批、政策补贴扶持等行政服务存在周期偏长、环节烦琐、效率不高等问题，人才引入政策力度不够，项目引导和人力资源配套服务不足。法律法规、知识产权保护、市场监管、人才签证等体制机制与国际规则还存在较大差异，影响国际投资积极性和国际经贸往来。

三是高质量发展转型仍面临制度制约。供给侧结构性改革面临一定“瓶颈”，产学研联动机制效应不显著，人力资本引进和培育机制有待完善，高新技术产业发展和改造传统产业的力度不够，新旧动能转换进程较慢。要素市场化改革需进一步深化，土地、资金、人口、数据等要素在区域间、城乡间的自由流动仍面临一定政策制约，资源要素“错配”“劣配”“低配”等问题依然存在。

第三章

成渝地区改革开放的环境和需求分析

第一节　新时期我国改革开放的总要求及对成渝地区发展的影响分析

当前，我国正面临“世界百年未有之大变局”和“中华民族伟大复兴之大局”两个大局，改革开放正进入深水区和攻坚期，更加注重统筹推进“五位一体”总体布局和“四个全面”战略布局，目标在于完善和发展中国特色社会主义制度、推进国家治理体系和治理能力现代化，加快构建现代化经济体系，实现“两个一百年”奋斗目标，建设社会主义现代化强国。当前，改革开放更多面对的是深层次体制机制问题，更加注重改革顶层设计以及改革的系统性、整体性、协同性，把制度建设和治理能力建设摆到更加突出的位置，继续深化各领域各方面体制机制改革，建设更高水平的开放型经济体制，成渝地区发展正迎来新的历史性机遇。

一、新时期我国改革开放的总要求及重点任务

新时期，我国将围绕加快构建现代化经济体系、推动国家现代化治理体系和治理能力，进一步深化改革开放，构建系统完备、科学规范、运行有效的制度体系，推动经济高质量发展。改革主要涉及经济、政治、文化、生态、民生、国防、党建七大方面，这里重点梳理经济社会发展相关的改革重点方向。

（一）经济领域改革主要任务

供给侧结构性改革，把发展经济的着力点放在实体经济上，把提高供给体系质量作为主攻方向，加快建设实体经济、科技创新、现代金融、人力资源协同发展的现代产业体系，促进我国产业迈向全球价值链中高端，显著增强我国经济创新力和竞争力。市场经济体制机制改革，建设高标准市场体系，

完善公平竞争制度，全面实施市场准入负面清单制度，改革生产许可制度，健全破产制度，完善产权制度，加快要素价格，改革国有资本授权经营体制，促进国有资本保值增值，推动国有资本做强做优做大，加快国有经济布局优化、结构调整，放宽服务业准入限制，完善市场监管体制。深化国有企业改革，发展混合所有制经济，培育具有全球竞争力的世界一流企业。商事制度改革，进一步深化“放管服”改革，健全支持民营经济、外商投资企业发展的法治环境，完善构建亲清政商关系的政策体系，健全支持中小企业发展制度。科技体制改革，建立以企业为主体、市场为导向、产学研深度融合的技术创新体系，加强对中小企业创新的支持，促进科技成果转化，健全符合科研规律的科技管理体制和政策体系。财政金融改革，深化税收制度改革，健全地方税体系；深化投融资体制改革，发挥投资对优化供给结构的关键性作用，守住不发生系统性金融风险的底线；深化金融体制改革，增强金融服务实体经济能力，提高直接融资比重，促进多层次资本市场健康发展；深化利率和汇率市场化改革。区域协调发展改革，加快形成主体功能明显、优势互补、高质量发展的区域经济布局，强化举措推进西部大开发形成新格局，以城市群为主体构建大中小城市和小城镇协调发展的城镇格局，建立更加有效的区域协调发展新机制。乡村振兴改革，保持土地承包关系稳定并长久不变，建立健全城乡融合发展体制机制和政策体系，完善农业农村优先发展和保障国家粮食安全的制度政策，加快推进农业农村现代化，巩固和完善农村基本经营制度，深化农村土地制度改革、农村集体产权制度改革，发展农村集体经济，完善农村基本经营制度。

（二）生态文化民生领域改革主要任务

生态领域，改革生态环境监管体制，设立国有自然资源资产管理和自然生态监管机构，完善生态环境管理制度；构建国土空间开发保护制度，完善主体功能区配套政策，建立以国家公园为主体的自然保护地体系。文化领域，深化文化体制改革，完善文化管理体制，加快构建把社会效益放在首位、社会效益和经济效益相统一的体制机制。民生领域，深化教育改革，加快教育现代化，办好人民满意的教育；深化医药卫生体制改革，健全现代医院管理制度，全面取消以药养医，健全药品供应保障制度，全面实施全民参保计划；构建新住房制度，加快建立多主体供给、多渠道保障、租购并举的住房制度，让全体人民住有所居。

（三）建设更高水平开放型经济新体制

加快推动形成“陆海内外联动、东西双向互济”全面开放新格局，优化区域开放布局，加大西部开放力度。实施更大范围、更宽领域、更深层次的全面开放，推动制造业、服务业、农业扩大开放，保护外资合法权益，促进内外资企业公平竞争。健全外商投资准入前国民待遇加负面清单管理制度，推动规则、规制、管理、标准等制度型开放。健全促进对外投资政策和服务体系。加快自由贸易试验区、自由贸易港等对外开放高地建设。创新对外投资方式，促进国际产能合作，形成面向全球的贸易、投融资、生产、服务网络，加快培育国际经济合作和竞争新优势。

二、新时期改革开放对成渝地区的影响

全面深化改革开放将释放巨大的发展制度红利，特别是区域协调发展战略的实施更是破解区域发展不平衡、不充分的重要抓手，对成渝地区发展将产生积极而深刻的影响。

持续深化全面开放新战略，有利于成渝地区更好地融入全球经济发展。随着“一带一路”倡议的深化和“人类命运共同体”理念广为传播，我国与世界各国在全球治理、经济贸易、科技创新等领域的深化合作将进一步增强，对外开放的深度与广度将进一步拓展，改革开放将进一步在破除发展的体制机制上发力。特别是自由贸易试验区创新试点、服务业全方位开放、“放管服”改革的深化、区域协调发展机制完善、绿色发展机制的形成等，将为成渝地区更好地融入全球经济发展创造有利的内外部条件。成渝地区作为国内

极具活力的重要经济板块，将更好地充分利用国际国内两个市场，坚持“走出去”与“引进来”相结合，抢抓全球新一轮科技革命和产业变革机遇，着力“引资引智”，加快构建现代产业体系、增强创新能力、优化营商环境、打造内陆开放高地，进一步提升成渝地区的世界影响力和竞争力。

推动形成区域开放新格局，有利于提升成渝地区的经济地理区位优势。随着我国开放战略格局的加快调整，“一带一路”和长江经济带建设持续深入推进，我国“陆海内外联动、东西双向互济”的区域开放新格局正加快形成。成渝地区作为“一带一路”和长江经济带的联结点，正从过去改革开放的末梢走向改革开放的前沿。同时，新时期成渝地区在国家开放发展大格局中的战略地位更加突出，以重庆为运营中心的中新战略互联互通合作项目深入推进，以重庆和成都为起点和枢纽的西部陆海新通道加快建设，联动周边的大通道、大平台、大口岸等重大基础设施和项目加快布局，成渝带动和引领西部地区协调发展的经济区位优势更加凸显，高质量发展的腹地空间进一步拓展，通道经济、枢纽经济、口岸经济等开放型经济将得到快速发展。随着开放新格局的形成和体制机制改革效应的叠加，成渝地区的区位优势也必将加快转化为区域发展新动能。

深入实施城市群发展战略，为推动成渝地区高质量发展提供了新的路径。以城市群和都市圈为空间载体引领区域发展，是新时期我国推动区域协调发展战略的重要举措和新的突破口，也是我国统筹推进“五位一体”总体布局和深化新发展理念的具体落实方法。城市群战略的实施对打破行政壁垒、促进区域一体化发展的体制机制改革提出了新的要求，无论是在产业协同发展、要素市场共建，还是在基础设施互联互通、公共服务共建共享、生态环保流域共治等方面，都需要配套的区域开放创新合作新机制。成渝地区双城经济圈是我国在新时代对城市群（都市圈）发展的进一步深化和创新，依托重庆和成都两大国家中心城市，带动两大都市圈相向发展，整合资源构建现代经济体系，共同打造内陆开放新高地，推动成渝地区更好地发挥“三个作用”，为促进城乡区域协调发展、实现乡村振兴和高质量发展提供了新的路径。

改革的顶层设计与系统集成，为推动成渝地区高质量发展提供制度保障。新时期国家持续深化改革开放，将围绕高质量发展和建设现代化强国展开，以供给侧结构性改革为主线的顶层设计和制度供给将会增强，已有的重大改革试点经验和成效将会加快推广普及，一批新的重大改革事项也将加快推进。国家层面的改革设计更加系统协调高效，无论是区域一体化发展、对外开放合作、现代经济体系构建，还是社会治理体系打造，对系统全面的配套政策与制度安排都提出了迫切的要求。随着成渝地区在国家发展大局中的战略地位提升以及西部大开发战略的持续深化，成渝地区加快发展的制度创新能力也将大幅提升，发展面临的改革制度红利和政策洼地效应将加快显现。

新的制度红利加快释放，但区域竞争新优势的培育压力也更趋明显。随着改革开放的纵深推进，市场经济的公开公正透明性将进一步增强，各地区在享受普惠性制度红利的同时，区域竞争也将更加激烈，特别是在如何培育竞争新优势方面面临较大压力。除了经济区位和国家战略聚焦优势突出外，成渝地区要培育打造国家新的重要增长极和具有全球影响力的城市群，无论是科技创新能力提升、先进制造业集群打造、新一代信息技术的深度应用等方面，还是城市国际化功能的完善、对标国际的营商环境优化等方面，与长三角城市群、粤港澳大湾区等沿海发达地区都还存在较大差距，特别是在绿色发展方面也亟待寻求新的突破。

第二节 国家对成渝地区发展的新要求及其对改革开放的新需求分析

成渝地区经济社会发展各领域合作基础深厚、需求迫切、潜力巨大。历史文化相近、资源禀赋互补、经济联系紧密、产业高度关联、市场腹地共享等是成渝地区发展的重要基础。1997 年重庆直辖后，成渝两地你追我赶、竞相发展的态势明显，经济社会发展取得了重大进步和巨大成就。与此同时，成渝两地在竞相发展中加强合作的需求日益迫切，特别是党的十八大以来，成渝城市群一体化发展的基础更加深厚，成渝地区一体化发展的需求也越发迫切。2020年中央财经委员会第六次会议决定，大力推动成渝地区双城经济圈建设，这标志着成渝地区双城经济圈正式上升为国家战略，成渝地区一体化发展进入重大机遇期。如何贯彻落实国家对建设成渝地区双城经济圈新部署、新要求，树立一体化发展理念，重点围绕交通互联、产业协同、创新联盟、生态共保、服务共享等领域，加强改革开放中的顶层设计和统筹协调，明确共同打造全国、西部改革开放新高地的新思路、新机制、新政策，是当下及未来更长时期内成渝地区建设具有全国影响力的改革开放新高地面临的新命题。

一、国家对成渝地区发展的目标要求分析

成渝地区在国家区域发展战略中地位独特，能够在国家加快构建以国内大循环为主体、国内国际双循环相互促进的新发展格局中发挥重要作用。重庆是我国中西部唯一的直辖市和国家中心城市，更是西部大开发重要战略支点，在国家区域发展和对外开放格局中具有独特而重要的作用。四川是西部地区重要大省，在全国发展大局中具有重要地位。党的十八大以来，习近平总书记多次视察成渝地区，并对重庆、四川两地明确提出了发展目标，成渝地区在国家的区域发展战略中的地位更为凸显。2020年1月，国家提出了推动成渝地区双城经济圈建设，明确要求两地发挥好比较优势，推进成渝地区统筹发展，促进产业、人口及各类生产要素合理流动和高效集聚，强化重庆和成都的中心城市带动作用，使成渝地区成为具有全国影响力的重要经济中心、科技创新中心、改革开放新高地、高品质宜居地，助推西部乃至全国高质量发展。推动成渝地区建设，有利于形成优势互补、高质量发展的区域经济布局，有利于拓展市场空间，优化和稳定产业链供应链，是构建以国内大循环为主体、国内国际双循环相互促进的新发展格局的一项重大举措。

专栏 3-1 国家关于成渝地区、重庆、四川发展的目标要求

国家正式提出建设成渝地区双城经济圈。党的十五届四中全会正式提出西部大开发战略后，川渝合作不断深化，并逐步上升为国家战略。“十五”中期，国家发展改革委就开始提出成渝经济区研究；“十一五”中期，国家发展改革委正式开始成渝经济区的专题研究；“十二五”初期，国家发展改革委印发了《成渝经济区区域规划》（2011 年 5 月）；“十三五”初期，国务院印发了《成渝城市群发展规划》（2016 年 4 月）。2020 年 1 月，习近平总书记在中央财经委员会第六次会议明确提出，“推动成渝地区双城经济圈建设”；10 月 16 日，中共中央政治局召开会议审议《成渝地区双城经济圈建设规划纲要》。

习近平总书记对重庆提出“两点”定位、“两地”“两高”目标、发挥“三个作用”和营造良好政治生态的重要指示。2016 年，视察重庆时提出“两点”定位、“两地”目标，指出重庆是西部大开发重要战略支点，处在“一带一路”和长江经济带联结点上，要求重庆建设内陆开放高地，成为山清水秀美丽之地。2018 年全国两会期间，参加重庆代表团审议时提出了“两高”目标和营造良好政治生态的要求，明确重庆要在建设“两地”的基础上，努力推动高质量发展、创造高品质生活。2019 年，再次视察重庆时提出了发挥“三个作用”等重要指示，要求重庆在推进西部大开发形成新格局中展现新作为、实现新突破，更加注重从全局谋划一域、以一域服务全局，努力在推进新时代西部大开发中发挥支撑作用、在推进共建“一带一路”中发挥带动作用、在推进长江经济带绿色发展中发挥示范作用。

习近平总书记对四川工作系列重要指示。2013 年，视察四川时提出坚定不移抓好发展这个第一要务、切实维护社会和谐稳定等重点任务。2017 年全国两会期间，参加四川代表团审议时提出深入推进农业供给侧结构性改革、坚定不移打赢脱贫攻坚战、扎实开展创新创造、营造风清

气正的政治生态4项重点任务。2018年，再次视察四川时明确提出推动治蜀兴川再上新台阶的总体要求和着力抓好党的十九大精神贯彻落实、着力推动经济高质量发展、着力实施乡村振兴战略、着力保障和改善民生、着力加强党的政治建设“五个着力”的重点任务。

专栏3-2 《成渝地区双城经济圈建设规划纲要》主要精神

目标定位。突出重庆、成都两个中心城市的协同带动，注重体现区域优势和特色，使成渝地区成为具有全国影响力的重要经济中心、科技创新中心、改革开放新高地、高品质生活宜居地，打造带动全国高质量发展的重要增长极和新的动力源。

任务要求。成渝地区牢固树立一盘棋思想和一体化发展理念，健全合作机制，打造区域协作的高水平样板。唱好“双城记”，联手打造内陆改革开放高地，共同建设高标准市场体系，营造一流营商环境，以共建“一带一路”为引领，建设好西部陆海新通道，积极参与国内国际经济双循环。坚持不懈地抓好生态环境保护，走出一条生态优先、绿色发展的新路子，推进人与自然和谐共生。处理好中心和区域的关系，着力提升重庆主城和成都的发展能级和综合竞争力，推动城市发展由外延扩张向内涵提升转变，以点带面、均衡发展，同周边市（县）形成一体化发展的都市圈。

习近平总书记说：“理念是行动的先导，一定的发展实践都是由一定的发展理念来引领的。发展理念是否对头，从根本上决定着发展成效乃至成败……”在推动成渝地区一体化发展实践中务必要坚持目标导向，把握新时代开放大背景，贯彻好创新、协调、绿色、开放、共享的新发展理念，谋划推动成渝地区实现高质量发展的重大机制。一要共同谋划创新发展战略。围绕建设全国科技创新中心目标，依托科学城、自主创新示范区、创新开发试验区等，强化高水平创新能力的协同布局；深化科技体制联合改革，共促创新企业发展、创新人才成长、创新平台升级等；加快技术转移转化体系实现共同建设，提升区域整体基础研究、技术攻关、成果转化等能力。二要共同推动城乡区域协调发展。围绕建设全国重要经济中心目标，牢固树立“一盘棋”思想和一体化发展理念，加大力度统筹区域协调发展，进一步健全城乡统筹、区域协作的体制机制和政策体系，发挥好重庆和成都的辐射带动作用，打造各具特色的区域经济板块，推动各区域共同繁荣发展；打造各美其美的乡村振兴示范片区、示范点，带领区域内的贫困人口、贫困地区脱贫致富，促进乡村全面振兴，成为全国区域协作的高水平样板。三要共同创新绿色发展机制。围绕建设全国高品质宜居地目标，坚持不懈抓好生态环境保护，联合开展区域生态环境的协同保护，加快形成环境联合执法、流域共保的新机制，切实筑牢长江上游生态屏障，进一步优化绿色城镇、绿色产业空间布局，加快探索产业生态化、生态产业化的实现路径，大力发展绿色低碳循环经济，共同提升城镇和产业绿色发展水平。四要共同提升对外开放水平。围绕建设全国改革开放新高地目标，唱好“双城记”，以共建“一带一路”为引领，一体化融入长江经济带发展、新时代西部开发开放等国家战略，共同建设高标准市场体系，营造一流营商环境，建设好西部陆海新通道，以全局思维和国际视野共同谋划、优化开放通道建设、物流体系建设、投资贸易平台建设，积极参与国内国际经济双循环，构建具有国际竞争力和区域带动力的开放型经济体系，联手推动成渝地区由内陆腹地变为开放前沿。五要共同探索发展成果共享机制。围绕以人民为中心的发展思想，始终要以满足人民对美好生活的向往为奋斗目标，努力促进成渝地区全体人民共同富裕取得更为明显的实质性进展，共同建设国家级区域性的重大公共服务平台，加快探索区域内的基本公共服务共享机制，让改革发展成果更多、更公平地惠及两地人民，使人民获得更多的幸福感、安全感。

专栏 3-3　新发展理念的丰富内涵

2015 年 10 月，在党的十八届五中全会上，习近平总书记提出了创新、协调、绿色、开放、共享的发展理念。

核心要义。新发展理念是一个系统的理论体系，回答了关于发展的目的、动力、方式、路径等一系列理论和实践问题。强调创新发展注重的是解决发展动力问题、协调发展注重的是解决发展不平衡问题、绿色发展注重的是解决人与自然和谐问题、开放发展注重的是解决发展内外联动问题、共享发展注重的是解决社会公平正义问题，强调坚持新发展理念是关系我国发展全局的一场深刻变革。

把握重点。要注意完整、准确、全面贯彻的新发展理念，把握好以下几点：第一，从根本宗旨把握新发展理念。为人民谋幸福、为民族谋复兴，这既是我们党领导现代化建设的出发点和落脚点，也是新发展理念的“根”和“魂”。只有坚持以人民为中心的发展思想，坚持发展为了人民、发展依靠人民、发展成果由人民共享，才会有正确的发展观、现代化观。第二，从问题导向把握新发展理念。我国发展已经站在新的历史起点上，要根据新发展阶段的新要求，坚持问题导向，更加精准地贯彻新发展理念，切实解决好发展不平衡不充分的问题，推动经济高质量发展。第三，从忧患意识把握新发展理念。随着我国社会主要矛盾变化和国际力量对比深刻调整，我国发展面临的内外部风险空前上升，必须增强忧患意识、坚持底线思维，随时准备应对更加复杂困难的局面。要把安全发展贯穿国家发展各领域和全过程。如果安全这个基础不牢，发展的大厦就会地动山摇。

二、成渝地区建设改革开放新高地的新需求分析

改革和开放是国家和区域历史发展进程中的重要一环，体制机制改革和内外开放政策的设计是成渝地区建成改革开放新高地的核心内容。一方面，

对标国家对成渝地区、重庆、四川发展提出的目标要求，应明确围绕顶层机制、交通互联、产业协同、区域统一市场、区域城乡发展、绿色发展机制、公共服务共享、财税协调机制等重点领域，深化改革开放，建设高标准市场体系，持续拓展内外开放的广度和深度，形成市场主体公平竞争的市场环境；另一方面，应针对性地分析这些领域现有的发展基础，对照目标要求找到其问题和差距，进而提出新形势、新任务下深化改革开放的新需求，畅通市场循环，疏通政策堵点，打通流通动脉，把区域市场潜力转化为实际需求，为构建新发展格局提供有力的制度支撑。

（一）亟须加强一体化发展的顶层机制设计

近年来，在国家推动和重庆、四川两省（市）政府合作政策的共同作用下，川渝两地相向发展意识逐渐增强，签订了多项政府合作协议，多层面、多领域深化合作，川渝合作示范区建设稳步推进，川渝一体化发展进程明显加快。但从川渝两地合作历程来看，顶层机制设计不够，两地政府主要是在市场机制的带动下各自推动，缺少高层次的统筹协调机制，川渝两地规划则难以有效对接。随着川渝合作向纵深推进，国家层面的顶层机制设计对成渝地区形成区域一体化发展市场的重要性将会更加凸显。

目前，国家已经明确了建设成渝地区双城经济圈的战略目标、重点任务等，但是对成渝两地一体化发展的顶层机制设计则需要研究。成渝地区建设应充分借鉴吸纳长三角一体化发展实践中区域合作机制创新经验，重点围绕如何推动高质量发展，系统考虑新时代改革开放的新需求，激发川渝两地一体化发展的强大合力，共同塑造对外开放的竞争新优势。

一是加快制定国家层面支持机制和政策。从国家战略、区域发展全局设计好国家的支持机制和政策，通过在组织机制、发展规划、重点项目、重大政策等方面系统设计、统筹协调来支持成渝地区一体化建设、形成巨大发展动力和活力的创新机制和具体政策，引导成渝地区增强发展聚合力、辐射力、引领力，打造西部高质量发展的重要增长极，支撑国家新时代西部大开发战略任务全面实现。

二是加快完善区域一体化发展的统筹机制。两地政府要牢固树立一体化发展的理念，依托中新（重庆）战略性互联互通示范项目、西部陆海新通道等重大战略的建设实施，制定合作机制和共赢政策，建立健全区域发展的统筹协调机制和规划对接机制，争取并对接国家战略蕴藏的巨大政策红利，合力共建开放型经济体制，共同探索通道经济、枢纽经济、口岸经济新机制，以内陆开放战略高地建设来引领成渝地区建设，以一体化市场机制改革创新促进行政经济向区域经济转化。

专栏 3-4 国家及重庆、四川推动两地政府合作的主要历程

2003 年（国家），《中国西部大开发重点区域规划前期研究》（中国科学院地理科学与资源研究所）第一次出现成渝经济区的概念，提出："积极构建以成渝两大都市为中心、各级中心城市相互联系和合作的中国西部最大的双核城市群，形成西部大开发的最大战略支撑点，西部地区人口、产业、信息、科技和文化等集聚中心，长江上游经济带的核心。"

2004 年（国家），《中国西部大开发中重点经济带研究》（国务院西部开发办规划组）报告提出："长江上游经济带的空间布局特征是'蝌蚪型经济带'，区域中心是成渝经济区。"

2005 年（四川、重庆），国家发展改革委"十一五"规划课题（2003 年 11 月启动）"共建繁荣：成渝经济区发展思路研究——面向未来的七点策略和行动计划"（四川省社会科学院牵头，联合重庆社会科学院及四川数十位专家完成）第一次对成渝经济区开展专题研究。

2007 年（国家），《西部大开发"十一五"规划》提出建设成渝经济区。

2007年（重庆、四川），重庆市人民政府和四川省人民政府签署《关于推进川渝合作共建成渝经济区的协议》，提出打造中国经济增长“第四极”的目标，确定了“成渝经济区”的地理范围，确定建立统一的工作和协调机制、合作目标和主要措施的框架性协议。

2008年（国家），国家发展改革委牵头成立《成渝经济区区域规划》编制协调指导小组和规划编制工作组，国家发展改革委宏观经济研究院及两省（市）发改系统研究机构等开展深入调查研究。

2008年（重庆、四川），川渝两地签署《关于深化川渝经济合作框架协议》，标志着川渝合作共建成渝经济区进一步深化。

2010年（国家），国家发展改革委完成《成渝经济区区域规划》，12月上报国务院审批。

2011年5月（国家），国务院常务会议正式同意批复《成渝经济区区域规划》。

2014年（国家），《国家新型城镇化规划（2014—2020年）》提出加快培育成渝、中原、长江中游、哈长等城市群。

2015年（重庆、四川），重庆市人民政府和四川省人民政府签署《关于加强两省市合作共筑成渝城市群工作备忘录》。

2016年（国家），《中华人民共和国国民经济和社会发展第十三个五年规划纲要》提出：加快城市群建设，培育中西部地区城市群，发展壮大东北地区、中原地区、长江中游、成渝地区、关中平原城市群。同年，国务院正式同意批复《成渝城市群发展规划》。

2016年（四川），四川省党政代表团赴重庆学习考察，成功签署“1+10”合作协议。同年，四川、云南、贵州、重庆四省（市）签署《关于建立长江上游地区省际协商合作机制的协议》。

2018年（四川），四川省党政代表团赴重庆学习考察，川渝两地签署“1+12”行动计划和专项合作协议。

2019年（重庆），重庆市党政代表团赴川考察，川渝两地签署“2+16”共18个协议（方案）。

2020年（国家），习近平总书记在中央财经委员会第六次会议明确提出“推动成渝地区双城经济圈建设，有利于在西部形成高质量发展的重要增长极，打造内陆开放战略高地，对于推动高质量发展具有重要意义”。

资料来源：根据网络资料整理。

专栏3-5　长三角一体化发展实践中的区域合作体制机制创新

长三角区域合作体制机制探索由来已久。1982年12月国务院决定成立“上海经济区”，1992年建立城市经济协作办主任联席会议制度（由长三角15个城市自发倡议），1997年建立长江三角洲城市经济协调会（简称长三角城市经济协调会），长三角区域合作的协调机制初步形成。2001年，沪苏浙经济合作与发展座谈会制度建立，长三角区域合作进入整体性区域合作框架的新阶段。2004年，酝酿建立主要领导座谈会制度；2009年，吸纳安徽省作为正式成员出席主要领导座谈会、联席会议，上海、江苏、浙江、安徽三省一市共同参与的区域合作机制正式形成。目前，探索长三角一体化发展的区域合作体制机制的主要做法有：

上下联动。国家层面设立了推动长三角一体化发展领导小组，统一领导长三角一体化发展，共同推动长三角一体化发展规划纲要实施，各部委在专项规划、重点项目、重大政策等方面予以支持，省（市）层面相应成立了推动长三角一体化发展领导小组，编制出台贯彻落实长三角一体化发展规划纲要的实施方案，明确省（市）贯彻落实国家战略的工作目标和任务，形成共同推进的上下联动机制。

三级运作。建立决策层、协调层和执行层“三级运作”区域合作机制，“决策层”即三省一市主要领导座谈会，明确任务方向，负责审议、决定和决策关系长三角区域发展重大事项；“协调层”即三省一市的常务副省（市）长牵头的长三角区域合作与发展联席会议，负责协调推进，抓好主要领导座谈会部署的区域合作重点难点事项；“执行层”包括联席会议办公室和12个重点专题合作组，负责具体落实各省（市）、各专题领域战略决策研究谋划、制定年度工作计划及统筹协调和督促检查等。

轮值制度。每年由一个省（市）轮值方的业务主管部门牵头负责区域合作工作，交通、能源、信息化、科技、产业、信用、商务、金融、人力资源和社会保障、食品安全10个专题合作组实行“固定+轮值”的灵活模式。其中，生态环境部还与三省一市组成长三角区域大气、水污染防治协作小组；城市专题组不实行轮值制度。

长三角区域合作办公室。2018年，上海、江苏、浙江、安徽三省一市抽调15名人员共同组建长三角区域合作办公室（简称长三角办），发挥“合”的作用，在上海联合集中办公，做实区域合作机制，负责研究提出长三角一体化发展的重要议题、规划计划和政策措施等，协调推进区域合作重大事项和重大项目。

重点区域和重大合作平台跨行政区建设机制。一是创新谋划长三角生态绿色一体化发展示范区建设体制机制，建立“理事会+执委会+发展公司”的“三层次”管理架构，探索生态保护、规划管理、土地管理、项目管理、要素流动、财税分享、公共服务政策、公共信用管理等一体化发展制度，率先探索从区域项目协同走向区域一体化制度创新。二是积极探索重大的跨区域合作平台管理体制机制，先后搭建G60科创走廊、嘉昆太协同创新圈、长三角“田园五镇”乡村振兴先行区、长江口生态保护战略协同区等一批合作平台。例如，G60科创走廊，九地（市）[①] 跨行政区选派干部集中松江办公，成为全国首个地级市层面实体化运作的城市一体化发展协调机构。

（二）亟须建立交通互联的建设机制

国内外发展实践表明，以交通为主的基础设施互联互通是中心城市向都市圈、城市群发展的重要支撑。近年来，成渝地区加快提升交通基础设施的互联互通水平，对外联通水平稳步提升，目前已形成以重庆江北国际机场和成都双流国际机场两大枢纽机场为核心的机场群，以果园港为核心的内河港口群，以及以西成客专、兰渝铁路、川黔铁路等铁路为主的对外大通道；内部互联互通水平也加快提升，重庆形成以主城区为核心的“一枢纽十干线”铁路网、“三环十二射多连线”高速公路网，四川初步形成以成都为起点的“八射三联”综合运输大通道。但是，物流大通道缺乏协同性，高速铁路建设也较为薄弱，支撑核心城市与周边城市之间的快速轨道交通线网依然滞后，沿江港口建设缺乏统筹，航道等级整体水平较低等问题突出。

成渝地区建设必须首先通过交通互联互通打破跨区域行政壁垒，逐步构建形成功能完善、高效快捷的城际交通网络，支撑经济圈内的各城市共同融入一体化发展的区域大市场，实现区域经济协同发展。

一是强化物流通道协同打造机制。两地政府要抓住西部陆海新通道、长江黄金水道建设重大机遇，重点围绕重庆两江新区、成都天府新区、自由贸易试验区等重大开放平台，深度对接产业转型升级、区域经济协调发展等市场需求，大力发展通道经济，联合“一带一路”、长江经济带沿线和西部地区省（自治区、直辖市）、东盟国家共建一批优势互补、互利共赢的产业合作园、战略性新兴产业基地、国际经贸合作园，建立健全国际、国内重大物流

---

① 松江区与嘉兴市、杭州市、金华市、苏州市、湖州市、宣城市、芜湖市、合肥市。

通道的协同发展、共建共享机制，共同优化区域物流大通道，降低企业物流成本，大幅提高区域对外贸易通道的便利化、国际化服务水平，提升物流通道对西部大开发产业发展、生活服务带动力。

二是深化交通领域的合作建设机制和政策创新。围绕成渝城市群建设的现实需求，依托规划建设的陆港型、港口型、空港型等国家物流枢纽，大力发展枢纽经济，规划设计好国际物流分拨中心、保税（港）区、开放口岸等功能载体，引领西部地区物流资源优化配置，深度融入国际物流通道和国家物流节点，实现物流通道与重点枢纽及次级节点的协调发展；重点在高速铁路布局建设、快速轨道交通谋划建设等方面，探索标准统一的合建机制和支持政策，打破跨行政区域的断头路，加密节点城市的综合交通枢纽，为共建产业园区、深化“飞地经济”的合作模式，加快区域内毗邻地区特别是跨行政区接合部的经济社会发展合作创造更好的市场条件。

专栏 3-6 《西部陆海新通道总体规划》空间布局

三条主通道。重庆—贵阳—南宁—北部湾出海口（北部湾港、洋浦港）；重庆—怀化—柳州—北部湾出海口；成都—泸州（宜宾）—百色—北部湾出海口。

重要枢纽。重庆——通道物流和运营组织中心；成都——国家重要商贸物流中心；广西北部湾——国际门户港。

核心覆盖区。完善西南地区综合交通运输网络，密切贵阳、南宁、昆明、遵义、柳州等西南地区重要节点城市和物流枢纽与主通道的联系，有力支撑西南地区经济社会高质量发展。

辐射延展带。强化主通道与西北地区综合运输通道的衔接，联通兰州、西宁、乌鲁木齐、西安、银川等西北重要城市，有力促进西部地区开发开放。

专栏 3-7 成渝地区主要交通网概况

重庆："一枢纽十干线"铁路网。一枢纽：重庆主城铁路客货运枢纽；十干线：成渝铁路（重庆—成都）、遂渝铁路（重庆—遂宁）、渝怀铁路（重庆—怀化）、渝黔铁路（重庆—贵阳）、襄渝铁路（重庆—襄阳）、渝利铁路（重庆—利川）、兰渝铁路（重庆—兰州）、渝黔新线（重庆—贵阳）、成渝客专（重庆—成都）、郑渝铁路（重庆—郑州）。"三环十二射多连线"高速公路网。"三环"：内环快速路、重庆绕城高速（G5001）、三环高速；"十二射"：成渝高速、渝蓉高速、渝遂高速、渝武高速、渝广高速、渝邻高速、渝宜高速、沪渝高速、渝湘高速、渝黔高速、主城—江津—习水、渝泸高速；"多连线"：镇平—巫溪—奉节—建始，四川开江—万州—利川，梁平—忠县—石柱—黔江，垫江—丰都—武隆—道真，安岳—潼南—合川—两江新区—南川，合川—璧山—江津，南充—大足—泸州。

四川："八射三联"大通道。"八射"：成都—川东北—京津冀通道、成都—川东北—长三角通道、成渝通道、成都—川南—珠三角通道、成都—攀西—东盟通道、川藏南通道、川藏北通道、成都—兰西格通道；"三联"：重庆—川南—东盟通道、陕西—川东北—重庆通道、兰渝通道。

重庆主要交通通道情况见表 3-1。

表 3-1 重庆主要交通通道情况

通道名称	主要节点	主要辐射方向	主要交通设施
东向江海联运（沪汉渝通道）	武汉、南京、上海、长寿、涪陵、万州	东至武汉、上海等泛太平洋地区（21世纪海上丝绸之路）	公路：沿江高速公路 水路：长江黄金水道 铁路：渝沪、蓉沪铁路
东南向铁海联运（渝湘闽通道）	长沙、宁波、广州、湛江、深圳、厦门	东南至海南等太平洋、印度洋地区（21世纪海上丝绸之路）	公路：包茂、沪昆、厦蓉高速公路 铁路：渝怀铁路

续表

通道名称	主要节点	主要辐射方向	主要交通设施
南向陆海联运（渝黔桂穗通道、渝滇东南亚通道）	昆明、贵阳、南宁、广州、深圳、海口	至北部湾、昆明、南亚、东盟等东盟、印度洋地区（中南半岛经济走廊、21世纪海上丝绸之路）	公路：兰海、渝昆高速公路 铁路：渝黔、黔桂、柳肇、广深铁路，磨憨和瑞丽离境，北部湾出海
西向国际铁路联运（渝兰西亚通道）	兰州、西宁、乌鲁木齐、阿拉山口	西北至中亚、欧洲等地区（陆上经济丝绸之路）	公路：兰海、连霍高速公路 铁路：兰渝、兰新铁路，阿拉山口离境 管道：中哈、中缅油气管道延伸区
北向国际铁路联运（渝京远东通道）	西安、郑州、北京、沈阳、哈尔滨	北至北京、东亚、俄罗斯、欧洲等地区（中蒙俄经济走廊）	公路：包茂、连霍高速公路 铁路：襄渝铁路复线，北上经满洲里口岸离境
渝川藏通道	成都、拉萨	西至川藏地区	公路：成渝复、渝遂、渝沪、兰海、成雅、雅康、川藏公路 铁路：成渝、渝遂复线、渝遂铁路
渝包通道	西安、包头、合川区	北上至西安、包头	公路：包茂高速 铁路：襄渝铁路及复线
成渝通道	成都、江津区、永川区	成渝各城市	公路：成渝复、渝遂、渝沪、兰海公路 铁路：成渝、渝遂铁路复线、渝遂铁路

（三）亟须形成产业协同发展机制

工业化发展经验表明，产业形态在由单个产业向产业集群发展进程中，产业分工也在相应地向“水平化分工→垂直化分工→功能化分工”的方向演进，产业形态和产业分工优化发展中对产业协同发展的要求越来越高。近年来，成渝地区产业在竞争中加快发展，目前初步形成了以电子信息、汽车、装备制造、生物医药等产业集群为主的现代服务业体系，但产业协同发展、协同创新不够，制造业高质量发展步伐也不够快，仍不能达到建设具有全国影响力的重要经济中心定位要求，产业协同发展的需求越来越迫切。

建设成渝地区要把握全球科技革命和产业变革新趋势，充分对接国家建设制造强国的目标要求，加快研究产业协同发展机制，持续优化产业城际分工和协同发展水平，共同推进产业基础高级化、产业链现代化。

一是构建区域协同现代产业体系。持续深化区域供给侧结构性改革，以创新推动产业结构迈向中高端水平，抢占中高端产业链、价值链。进一步突出电子信息、汽车等支柱产业的集群化发展优势，进一步提升生物医药等高新技术产业的全国竞争力，加快拓展绿色食品等消费品市场；围绕制造业升级发展新需求，研究推进研发设计、金融服务、现代物流和制造业深度融合，大健康、文化旅游、商贸会展等与制造业发展创新融合，休闲农业、乡村旅游、农村电商等蓬勃发展的产业合作机制。

二是共同创新区域的产业招商机制。重庆、四川两地合力强化招商引资优惠政策的协调，共同清理目前两地市场的产业准入政策，取消地区性歧视和不公平竞争政策，并加快消除税收返还、土地租金、工商登记等优惠政策的地方差异，加快制定区域一体、市区（县）协同的产业招商引资机制、重大产业项目协调推进机制、合作项目成本共担利益分享机制等精准政策。

三是亟须创新区域财税协调机制。重庆、四川两地既要积极争取国家层面对成渝地区采取一致性扶持政策尤其是财税政策，加快形成区域统一的产业生态，更要深化跨区域资金技术合作，研究建立城际产业协作政策共享和利益分享机制，加快探索制定异地建厂、建园、设店在地方税收上的协调政策，为两地经济合作和深度发展“飞地经济”创造市场条件。

重庆、四川主要行业总产出占全国的比重情况和成渝地区重点城市制造业发展情况分别见表3-2和表3-3。

表3-2　重庆、四川主要行业总产出占全国的比重情况

重庆比较优势行业（排名前十）				四川比较优势行业（排名前十）			
主要行业	重庆比重（%）	四川比重（%）	合计（%）	主要行业	四川比重（%）	重庆比重（%）	合计（%）
交通运输设备	6.28	3.63	9.91	文化、体育和娱乐	7.12	1.73	8.85
燃气生产和供应	4.93	5.98	10.91	石油和天然气开采产品	7.12	1.89	9.01

续表

重庆比较优势行业（排名前十）				四川比较优势行业（排名前十）			
主要行业	重庆比重（%）	四川比重（%）	合计（%）	主要行业	四川比重（%）	重庆比重（%）	合计（%）
通信设备、计算机和其他电子设备	4.65	4.20	8.85	农林牧渔产品和服务	6.34	1.74	8.08
建筑	3.88	4.91	8.79	食品和烟草	6.03	1.54	7.57
水利、环境和公共设施管理	3.38	3.28	6.66	居民服务、修理和其他服务	5.99	2.48	8.47
非金属矿和其他矿采选产品	3.04	6.65	9.69	信息传输、软件和信息技术服务	5.84	2.41	8.25
住宿和餐饮	2.72	7.52	10.24	金属矿采选产品	4.94	0.74	5.68
水的生产和供应	2.66	4.99	7.65	房地产	4.86	2.29	7.15
金融	2.64	5.15	7.79	非金属矿物制品	4.80	2.05	6.85
卫生和社会工作	2.48	4.13	6.61	公共管理、社会保障和社会组织	4.24	1.65	5.89

表 3-3　成渝地区重点城市制造业发展情况

城市	主要产业
重庆主城	汽车、电子信息（芯屏器核网）、消费品、装备制造、生物医药、能源等产业
成都	电子信息、装备制造、医药健康、新型材料、绿色食品等产业
绵阳	节能环保、汽车、新材料、食品、装备制造、电子信息六大重点产业
乐山	光电信息、先进材料、绿色化工三大主导产业
南充	汽车汽配、油气化工、丝纺服装等产业
宜宾	智能终端、轨道交通、汽车、通用航空、新材料、节能环保、医药器械、页岩气等高端成长型产业和绿色食品加工业、竹产业等“8+2”产业
泸州	电子信息、装备制造、航空航天、新能源新材料、现代医药“1+4”新兴产业
万州	智能装备、绿色照明、食品医药、汽车、新材料五大主导产业
永川	食品药品、盐气化工、新材料新能源、机械电子、纺织服装等产业
涪陵	医疗食品、装备制造、化工化纤、电子信息、清洁能源等产业

（四）亟须构建统一开放的市场体系

市场是最稀缺的战略资源，市场体系是市场经济体制的重要组成部分和有效运转基础，高标准市场体系在区域经济发展中具有决定性作用。重庆、四川地缘相邻、人文相亲，两地同处在四川盆地，气候适宜、人口众多、自然资源丰富，建设成渝地区的物质基础坚实，成渝地区在国家区域格局和国际贸易中的地位不断凸显、优势明显。悠久灿烂的巴蜀文化是重庆、四川两地人民智慧的结晶，文化相通性增强了成渝地区一体化发展的社会认同感和城际发展黏性。但是，行政壁垒的客观存在，难以破除利益固化的藩篱，也导致了一直以来川渝两地人才、土地、资本等要素流动受阻，难以形成统一开放的市场体系。

建设成渝地区要围绕形成川渝两地劳动力及人才、土地、科技创新与产权交易、金融资本等要素的跨区域合理流动、互补配置等机制，持续深化改革开放，加快打破跨行政区域合作的体制障碍，营造最优区域营商环境，建设真正一体化的区域市场经济体系。

一是营造公平竞争的市场环境。围绕国家市场经济体制改革目标任务，对标世界银行营商环境标准，实施高标准市场体系建设共同行动计划，联手设计确立竞争政策基础地位的路径和体制机制，制定好成渝地区市场准入效能评估标准并联合开展综合评估，持续深化区域内的“放管服”改革，共同研究出台具体政策措施，稳步深化国有企业改革，扶持中小企业、民营经济蓬勃发展，着力促进外商投资企业公平发展，实现平等准入，促进公平竞争。

二是建立要素市场一体化配置机制。深化要素市场化配置体制机制是建设高标准市场体系的重点和难点。重庆、四川两地政府要围绕推动区域内的要素价格市场化改革，建立人才干部的交流使用、土地统一流转分配使用、资源的联合开发利用、科技创新的协同攻关、产权交易平台共建共享、产业基金的共投共赢等机制，以打破妨碍成渝地区生产要素自由流动的各种壁垒，实现区域内要素资源高效配置，深度融入国际国内市场，共塑全球及全国市场的竞争优势。

专栏 3-8　四川盆地、巴蜀文化简介

四川盆地：位于四川省东部、重庆市西部，中国四大盆地之一，由青藏高原、大巴山、华蓥山、云贵高原环绕而成，可分为盆周山地和盆底两大部分，盆周山地东部为长江三峡至重庆云阳（靠近万州），南部为云贵高原至四川叙永（靠近贵州遵义），西部为青藏高原至四川雅安，北部为大巴山至四川广元，总面积约26万平方千米。四川盆地盆底部面积约16万平方千米，自西向东，又以龙泉山、华蓥山为界，分为成都平原、川中丘陵和川东平行岭谷三部分。四川盆地是中国著名红层盆地，拥有中国最肥沃的自然土壤，边缘山地是多种经济林木和用材林基地，盆地底部耕地连片，是中国最大的水稻、油菜籽生产区，蚕桑、柑橘、油桐、白蜡、五倍子、银耳、黄连等产量居中国第一；蕴藏着丰富的煤、石油、天然气等能源，以及盐、磷灰石、硫磺等矿产，其中天然气、芒硝为中国之冠，并有中国重要的锶矿，盆地内聚居着川渝绝大部分人口。

巴蜀文化：以巴蜀地区为依托，生存和发展于长江上游流域重庆市、四川省的地域文化，“巴文化”以重庆为中心，“蜀文化”以成都为中心，巴文化与蜀文化各有特点，又有割舍不断的关系，合称巴蜀文化。巴蜀地区自古就是中国西南丝绸之路出发点和主经之地，巴蜀文化源远流长，已有5000余年发展历程，巴蜀的文化和宗教，与齐鲁的儒学、三晋的法学、荆楚的道家共同形成我国古代文化的显著特色，丰富延展了长江文化的内涵，在长江文化体系中具有独特璀璨的历史地位，巴蜀文化与齐鲁文化、三晋文化等共同构成辉煌灿烂的中国文明，并冲破了巴蜀自身地域特色，影响了西南各族乃至南亚诸国，具有国际文化交流的重要意义。

资料来源：根据网络资料整理。

（五）亟须完善区域城乡发展机制

缩小区域、城乡发展差距一直都是我国发展战略的重大目标任务。近年来，成渝地区初步形成了以重庆主城区、成都两大核心城市和多个节点城市、中小城市为主的现代城镇体系，各级各类城镇间联系日益密切，两地居民共享基本公共服务的需求也越来越高。

建设成渝地区要顺应两地一体化发展要求，坚持新型城镇化和乡村振兴战略“双轮驱动”，加快推动以人为本的新型城镇化进程，扎实实施乡村振兴战略，缩小区域、城乡发展差距，提高区域、城乡的基本公共服务共享水平。

一是深入探索城镇化建设新机制。围绕成渝城市群建设需要，深入推进实施重庆“一区两群”①、四川“一干多支”② 发展战略，强化重庆、成都中心城市带动作用，引领带动区域节点城市、特色中小城镇加快发展，共同健全农业转移人口市民化配套政策体系，放开放宽成渝两地的城市落户条件，试行以经常居住地登记户口制度，促进农业转移人口在区域内城镇稳定就业居住、举家进城落户，加快探索形成以人为本、人口自由流动的新型城镇化发展机制。

二是加快实施乡村振兴战略。做好巩固拓展脱贫攻坚成果同乡村振兴战略政策有效衔接，坚持农业农村优先发展，坚持农业现代化与农村现代化一体设计、一并推进，以县域为基本单元推进区域城乡融合发展，深化城乡融合发展示范区改革试点探索，丰富乡村产业业态，健全区域城乡融合发展体制机制和政策体系，形成支持“三农”发展的长效机制，促进区域内乡村全面振兴。

---

① 一区两群：是重庆市委、市政府深入贯彻习近平总书记重要指示精神的具体举措，是推动新时代重庆高质量发展的战略部署。其中，“一区”指主城都市区；“两群”指渝东北三峡库区城镇群和渝东南武陵山区城镇群。

② 一干多支：中共四川省委十一届三次全会提出实施“一干多支”的发展战略，构建“一干多支、五区协同”区域发展新格局。其中，“一干”指成都“主干”，“多支”指环成都经济圈、川南经济区、川东北经济区和攀西经济区。“五区协同”指推动成都平原经济区（含成都和环成都经济圈）、川南经济区、川东北经济区、攀西经济区、川西北生态示范区协同发展。

三是建立区域城乡公共服务共享机制。深化成渝地区户籍制度改革和公共服务领域改革，共同建立健全以居住证为载体、与居住年限等条件挂钩的基本公共服务提供机制，推进城镇基本公共服务常住人口全覆盖、非户籍常住人口逐步享有户籍人口同等的基本公共服务，满足两地居民对享有基本公共服务便利化的新要求，加快重庆、四川两地居民在义务教育、医疗、交通等领域的共建共享机制，探索推行名师名校结对、医保异地结算、养老保险转移接续、交通一卡通等惠民机制，全面提升两地人民的获得感、幸福感。

（六）亟须探索区域绿色发展机制

生态文明建设是国家区域发展的重要内容，生产生活方式的绿色化是区域绿色发展的重要内容。成渝地区自然山水等生态资源集中分布、一体相连特征明显，优美的生态环境是成渝两地人民的共同期盼，要坚持山水林田湖草系统治理的理念，共筑自然生态廊道和安全屏障边界，共同完成区域“碳达峰”“碳中和”目标任务，整体提升成渝地区生态系统质量和稳定性。

重庆、四川两地要共同优化区域经济发展和生态环境的功能布局，建立生态一体化建设机制，共守生态空间格局，并进一步推动生产方式、结构、布局绿色化。

一是建立健全生态共保联治机制。以华蓥山、嘉陵江等紧密相连但跨行政区域的山水资源为生态建设的合作重点，创新跨行政区域的生态横向协同保护机制，启动建设成渝地区双城经济圈生态环境保护协作区；探索建立河流监测信息共享机制和上下游河长联动机制，开展流域污染治理省际合作试点；鼓励受益地区与保护地区、流域下游与上游通过资金补偿、对口协作、产业转移、人才培训、共建园区等多种形式，开展横向生态补偿。

二是共同建立绿色生产生活方式。按照国家部署要求，围绕成渝地区“碳达峰”“碳中和”的具体目标、路径任务，加快探索产业生态化、生态产业化的多元化实现路径。探索产业生态化机制，强化跨区域环评会商机制，完善重点流域产业准入负面清单，优化长江干支流沿岸的产业布局；探索生态产业化机制，加快建立生态产品的价值实现机制，重点健全生态产品的价值核算制度、供需对接制度、经营开发制度、价值实现奖惩制度和支撑机制。同时，探索建立绿色基金，丰富绿色发展的融资方式，重点支持生态修复、污染治理、发展绿色产业，营造良好的绿色发展空间。

重庆、四川主要跨界河流流经两地区域情况见表3-4。

表3-4　重庆、四川主要跨界河流流经两地区域情况

序号	河流	干流长度（千米）		干流流经区域	
		重庆段	四川段	重庆段	四川段
1	长江	691	225.6（宜宾以下）	永川、江津、九龙坡、大渡口、巴南、南岸、渝中、江北、渝北、长寿、涪陵、丰都、忠县、石柱、万州、云阳、奉节、巫山	宜宾［6个区（县）］、泸州［5个区（县）］
2	嘉陵江	218.8	796	合川、北碚、沙坪坝、渝北、江北、渝中	广元［5个区（县）］、南充［7个区（市、县）］、广安（2个县）
3	渠江	77	666	合川	巴中［3个区（县）］、达州［3个区（县）］、广安［4个区（市、县）］
4	涪江	153.4	516.6	潼南、铜梁、合川	绵阳［5个区（市、县）］、遂宁［（4个区（市、县）］、阿坝州（1个县）
5	琼江	112.2	122.8	潼南、铜梁	资阳（1个县）、遂宁（1个区）
6	御临河	76.6	113.4	渝北、长寿	达州（1个县）、广安（1个县）
7	大洪河	39	113	渝北、长寿	达州（1个县）、广安（1个县）
8	濑溪河	131	107	大足、荣昌	泸州［2个区（县）］
9	铜钵河	30	65	梁平	达州［3个区（县）］

续表

序号	河流	干流长度（千米）		干流流经区域	
		重庆段	四川段	重庆段	四川段
10	南河	72	20	开州	达州（1 个区）
11	前河	57	198	城口、巫溪	达州（1 个县）
12	任河	128	26.3	城口	达州（1 个县级市）

第四章

成渝地区建设改革开放新高地的路径及对策

第一节　思路设想

一、改革开放新高地的内涵要求

我国改革开放战略及其内涵随着国内外发展环境条件的变化而不断地发生深刻变化，体现新的要求。1978 年，党的十一届三中全会召开，开启了我国改革开放和社会主义现代化的伟大征程。40 多年的伟大历程，以上海、广东为龙头的长三角、珠三角在改革开放中勇立潮头、先行先试，为推动我国改革开放和社会主义现代化建设作出了突出贡献。党的十八大以来，中国特色社会主义进入了新时代，提出全面深化改革总目标是完善和发展中国特色社会主义制度、推进国家治理体系和治理能力现代化，着力增强改革系统性、整体性、协同性，着力抓好重大制度创新，着力提升人民群众获得感、幸福感、安全感，改革呈现全面发力、多点突破、蹄疾步稳、纵深推进的局面。共建“一带一路”、长江经济带发展等开发开放重大举措的推进，使成渝等西部地区从我国开放末梢走到了开放的最前沿，成渝地区在国家开放战略中担当起更为重要的历史使命。

在新的发展环境和历史阶段，成渝地区打造具有全国影响力的改革开放新高地，具有更多新的内涵，要求成渝地区在深化改革和扩大开放方面走在前列、成效突出。改革开放新高地的“新”，集中体现在改革分量更重、创新要求更高、开放力度更大。把成渝地区建成“具有全国影响力的改革开放新高地”，就是要在更高起点、更高层次、更高目标上推进改革开放，在要素市场化改革、科研体制、跨行政区经济社会管理等重点领域进行改革突破，在着力提升人民群众获得感、幸福感、安全感方面全面发力，在推进西部地区全面改革、全方位高水平开放中发挥引领示范作用，为探索全面建设社会主义现代化强国新路径作出应有贡献，为中国走向世界舞台中央作出更大贡献。

二、建设改革开放新高地的总体思路

成渝地区建设改革开放新高地，应以习近平新时代中国特色社会主义思想为指导，全面贯彻党的十九大和十九届二中、三中、四中、五中全会精神，深入落实新发展理念，围绕高质量发展主题，立足构建以国内大循环为主体、国内国际双循环相互促进的新发展格局，围绕实现在全国有影响力的“新”和“高”目标，坚持顶层设计，突出问题导向、目标导向、结果导向，立足全国、成渝地区及成都、重庆两地，以开放促改革发展，以体制机制深层次改革为突破口，以重庆、成都两大都市区为核心载体，以区域合作改革开放创新示范区为引领，以平台、通道、枢纽、区域合作开放领域高质量发展和区域一体化发展体制机制改革创新为抓手，带动成渝地区协同联动、一体发展。在国家改革开放重点推进领域体现“新”，在区域改革开放发展成就方面走在前列体现“高”，突出在西部陆海新通道建设运营、西部金融中心合作共建、区域一体化市场体制机制创新实施等方面创新引领，走在西部和全国前列，彰显成渝地区整体活力和竞争力，加快建设成为具有全国影响力的改革开放新高地，助推成渝地区在西部形成高质量发展的重要增长极。

在上述总体思路设想下，还应坚持几个结合：

坚持国家顶层设计指导与地方推动跟进结合。成渝地区建设作为国家重要区域发展战略之一，涉及不同行政区域各个领域的协同推进，存在较大协调难度，亟须国家顶层设计指导在前，战略部署指引，成渝两地结合自身实际，跟进国家顶层设计思路，切实落实跟进。

坚持改革开放长远目标与近期目标结合。建设具有全国影响力的改革开放新高地，是一个较长时期的目标任务，必须立意高远、带头引领。同时，也应将宏伟目标与近期（1~3 年）、中期（5 年左右）可行性目标结合，因地制宜、有序推进、力求实效。

坚持成渝两地改革开放特殊性与区域协同性结合。需要结合成渝两地发展优劣势，客观制定两地改革开放各自侧重领域和方向，体现特殊性。同时，要以成渝两地一体化的思路，促进内部要素资源和行动的协同，体现改革开放的协同性，体现特征性和协同性的统一，形成发展合力。

坚持改革开放策略设计与具体项目落实相结合。既需要顶层设计与区域设计思路，更需要在各层级设计策略指导下细化具体项目、具体政策，突出重点领域、重点项目，体现促进发展和引领实效。

第二节　突出重点，推动开放再上新台阶

围绕改革开放新高地战略需求，深度对接和融入国家“一带一路”建设和西部陆海新通道等对外开放战略，聚焦“新”和“高”，加快拓展成渝地区对外开放的高度、广度和深度，形成成渝地区全方位开放新格局，积蓄释放成渝地区在国际合作竞争中的新优势。

一、增强开放平台集聚辐射力

对标东部发达地区，特别是京津冀、长三角、粤港澳大湾区等城市群外向型经济政策，加快构建对外开放平台体系、完善各类口岸功能，着力“补不足、提层次、拓空间、释潜能”，快速提升开放平台协同发展和高质量发展能力。

（一）补不足

以制度创新为核心，加快补齐国家级和区域级开放平台不足和短板，增强开放平台对区域经济的带动能力。

一是积极谋划重大开放平台布局。联合推动建设川渝自由贸易试验区协同开放示范区。支持成渝地区落地更多的国家级新区、经开区、高新区、自

主创新示范区及各类保税区等。以万州经开区为主体，联动开州、云阳等周边地区，谋划更高层次开发开放平台建设，打造引领和带动渝东北三峡库区城镇群及川东北地区对外开放的战略平台。积极推动天府国际机场综合保税区和达州、遂宁等保税物流中心（B 型）建设。依托黔江海关服务功能和辐射作用，建设武陵山（重庆）综合保税港区和出口加工区，促进渝东南武陵山区城镇群对外开放平台布局落地。

二是争取更多口岸布局。积极争取铁路口岸正式开放，争取重庆港水运口岸扩大开放珞璜港区、龙头港区，铁路口岸扩大开放小南垭作业区。推进万州、黔江、达州、绵阳等航空口岸对外开放，争取万州、涪陵、泸州等沿江水运口岸建设，争取更多口岸、保税区、保税港区在成渝地区设立，形成国家级口岸、口岸功能场所、特色商品进口指定口岸相互支撑的口岸体系。

（二）提层次

加快提升成渝地区开发开放平台层次，形成多层次、宽领域、高等级开放平台体系。

一是提升现有对外开放平台层级。深化制度创新，争取国家赋予更大的开放自主权，扩大投资领域开放，推动重庆自由贸易试验区上升为内陆最大自由贸易港，联合四川自由贸易试验区打造“一带一路”国际多式联运综合试验区。推动部分具备辐射周边、带动区域开放的省级高新区、经开区等开发区上升为国家级开发区。统筹建立成渝地区高新区联盟、大学科技园联盟和双创示范基地联盟，提升开放创新合力。

二是提升开放口岸层级。增强铁、公、水、空口岸集运输、分拨、储备、装卸和数据交换、分配、验收能力，强化海关特殊监管区口岸保税功能，打造高质量发展的综合性口岸，川渝联动合作，打造枢纽口岸和口岸集群，建设协同开放先行区。

（三）拓空间

延伸和拓展各类开放平台的服务范围和辐射空间，带动和引领成渝地区开放发展。

一是以国际合作拓展开放空间。围绕“一带一路”高质量发展和西部陆海新通道发展需求，加快推动成渝地区与“一带一路”沿线国家和地区多层次合作，探索在“一带一路”沿线交通枢纽和节点共建一批产业园区、物流中心、保税仓库等国际合作平台，逐步拓展成渝地区开放式发展空间。

二是以品牌建设扩大市场影响力。推动西部陆海新通道沿线省（区）打造运营平台和物流枢纽，培育“陆海新通道”国际品牌，加快提升南向开放平台影响力。推动“一带一路”沿线国家和地区合作，建设中德、中法、新川、中韩、中意等国际合作园区，打造具有国际影响力和竞争力的跨国产业开放合作品牌。

（四）释潜能

加强政策创新和储备，推动现有开发开放平台功能升级，进一步释放开放发展潜能。

一是加快释放重点开放平台发展潜能。支持两江新区、天府新区等重大平台提升对外开放功能，进一步释放开放发展潜能，增强对国内外资源吸引力，更好地促进高端产业和新兴产业加速集聚，打造内陆地区对外开放的重要门户。优化和提升重庆两江、四川天府两大国家级新区产业要素集聚功能和先行试点功能，探索深化成渝地区国家级高新区“一区多园”模式，释放国家级高新区引领战略性新兴产业发展潜能。成渝地区重点产业发展平台体系见表 4-1。

二是建立健全改革创新的试错容错机制。在国家政策框架下，建立健全试错容错机制，进一步发挥各类开发区、保税区、试验区、先行区等开放平台的试点先行职能，探索在高度开放创新的环境下有效先行先试功能的新思路、新方法。

表 4-1　成渝地区重点产业发展平台体系

类别	园区名称
2 个国家级新区	重庆两江新区、四川天府新区
2 个自由贸易试验区	中国（重庆）自由贸易试验区、中国（四川）自由贸易试验区
13 个保税（港）区	两路寸滩保税港区、西永综合保税区、江津综合保税区、涪陵综合保税区、万州综合保税区、永川综合保税区、成都国际铁路港综合保税区、泸州综合保税区、宜宾综合保税区、成都高新综合保税区、成都高新西园综合保税区、绵阳综合保税区、自贡综合保税区
12 个国家级高新区	重庆高新区、璧山高新区、永川高新区、荣昌高新区、成都高新区、德阳高新区、绵阳高新区、泸州高新区、自贡高新区、乐山高新区、内江高新区、攀枝花高新区
11 个国家级经开区	重庆经开区、长寿经开区、万州经开区、成都经开区、遂宁经开区、宜宾临港经开区、广安经开区、绵阳经开区、广元经开区、德阳经开区、内江经开区
4 个国家物流枢纽	重庆港口型国家物流枢纽、重庆陆港型国家物流枢纽、成都陆港型国家物流枢纽、遂宁陆港型国家物流枢纽
其他国家开发区	重庆自主创新示范区、成都国家自主创新示范区
省级重点开发区	重庆：西彭工业园、江津工业园、涪陵工业园、荣昌铜梁高新区、巴南工业园、空港工业园、九龙工业园等； 四川：蒲江开发区、绵阳游仙经开区、成都—雅安工业园、南充航空港经开区、资中经开区、达州通川经开区等

二、提高内外互联互通水平

统筹推动基础设施建设，构建布局合理、设施配套、功能完善、安全高效的现代化基础设施体系和高效的大通关体系，加快一体化进程，携手拓展开放新空间。

（一）加快国际开放大通道和枢纽建设

发挥成渝地区综合交通优势，点线面结合、统筹推动通道和枢纽建设，夯实成渝地区的开放发展支撑。

一是推动国际开放大通道建设。统筹东西南北四个方向、铁公水空四种方式、人流物流资金流信息流四类要素，围绕长江经济带建设，打造通江达海、首尾相连的东向国际开放大通道；围绕西部陆海新通道，建设全面融入中国—中南半岛、孟中印缅的南向开放大通道；围绕中欧班列，打造向西开放发展的高地；围绕中蒙俄经济走廊建设，打造成渝地区向北开放大通道。

二是构建内陆国际物流枢纽支撑。围绕东西南北四个方向开放发展需求，以快速联通京津冀、长三角、粤港澳为重点，统筹建设经济圈对外通道，打造四通八达的国家铁路枢纽。进一步强化重庆和成都国际性综合交通枢纽功能，打造万州—达州向北开放的门户型综合交通枢纽，建设永川、江津、巴南、綦江—万盛与泸州、宜宾等成渝地区向南开放的门户型枢纽。深化大数据智能化应用，加快物流枢纽信息化升级，推动综合运输服务一体化智能化。

（二）发展多式联运

软硬兼施，优化多式联运综合环境，提升铁、公、水、空多式联运的互联互通枢纽能力和运输效率。

一是完善现代化综合物流枢纽体系。推动果园港、万州港、涪陵港、泸州港、宜宾港等联动发展，统筹成都天府、成都双流和重庆江北等枢纽机场功能整合，构建铁、公、水、空四类运输方式共同支撑的现代化物流枢纽体系，推进多式联运“一单制”和铁路运单物权化，积极推进设施设备技术改造和运输组织流程优化，强化不同运输网络无缝衔接，建设内陆国际物流分拨中心和国际多式联运中心。

二是强化多式联运一站式联动。明确多式联运的牵头主体，围绕提升多式联运贸易便利化水平，以成渝地区铁路中心站、重点港口、公路物流基地等核心节点，不断促进铁水、铁铁、铁公等多种运输方式高效衔接和一站式联动，促进多式联运场站的结对发展，完善多式联运货物集聚功能，形成多式联运国际物流大通道。

（三）完善交通基础设施共建共享机制

强化基础设施领域的规划和政策标准对接，深入推进基础设施建设同步性，建立设施运营管理层面的共享共用机制，提升基础设施综合利用率。

一是加强基础设施规划和建设标准对接。按照统一、分级、协调、高效原则，加强成渝地区各级各类基础设施规划编制、规划实施的深度对接，统一成渝地区内基础设施建设涉及的拆迁补偿标准、设计标准、行政审批流程及时效规定，同步推动基础设施规划建设和管理运营。

二是建立完善有利于设施共建共享共用的政策机制。建立基础设施建设成本分担机制，建立完善经营性项目财税分成机制以及准经营性项目财政补贴分摊机制。深化大交通管理体制改革，加强两省（市）交通运输管理部门和交通企业集团的沟通合作，推进交通设施一体化运营管理。

（四）打造高效便捷的大通关体系

加快构建高效率大通关体系，促进更多企业在打造改革开放新高地过程中培育竞争新优势。

一是提升口岸服务效率。依托重庆电子口岸和四川电子口岸，对接“一带一路”、长江经济带和西部陆海新通道等国家战略需求，对标国际，进一步完善业务集中监管、无纸化贸易数据处理、信息共享互认、业务流程整合等功能，通过推进口岸物流降本增效、行政事项精准放权、压缩整体通关时间、建设多式联运信息服务中心、打造智慧口岸等方式开拓国际贸易市场，促进外贸优化升级。

二是深化通关改革创新。创新监管模式，建立覆盖成渝全域海关业务领域和管理时空的智能化信息平台。大力推进关检合作便捷通关，全面落实“一次申报、一次查验、一次放行”的通关作业。开展口岸查验机制创新和口岸管理相关部门综合执法试点。

三是加强大通关国际国内合作。加强长江经济带、西部陆海新通道沿线口岸区域通关合作，深化与“一带一路”沿线国家合作，推动成渝地区与沿海、沿边地区口岸海关的协作，构建便捷互通、一体化运作的区域大通关系统。

（五）构建高速共享信息网络

推动信息通信服务设施提档升级，开展成渝地区无线频谱资源共享试点。

推动电子政务平台跨部门跨城市横向对接和数据共享，建设成渝地区政务信息协同平台。推动成渝地区地理信息数据全域覆盖，建设统一的地理信息公共服务平台，实现数据交换共享。协同推进重庆、成都等智慧城市建设，实现城市数据向城市大数据转变。

三、发挥枢纽经济牵引作用

整合各类枢纽功能，强化要素集散能力，做大做强枢纽经济，催生聚变裂变效应，促进枢纽与产业互动发展，人流、物流、资金流、信息流等集聚和流动，发挥枢纽经济对成渝对外开放的牵引作用。

（一）加快打造枢纽经济发展载体

结合成渝地区重大平台、交通枢纽，建设不同层级、功能互补、有形无形相结合的枢纽载体平台，打造资金、物资、人才、信息等各类要素资源畅流汇集的“枢纽之地”。

一是强化有形枢纽支撑。加快推进联通全国的高铁网络建设，推动高速公路主通道扩容，完善港口布局和航道整治，优化机场枢纽布局，提升公、铁、水、空等有形交通枢纽综合服务水平。充分释放铁路、城际铁路、市域（郊）铁路、城市轨道交通“四网”站点对人流、物流、信息流的集聚扩散效应，推动要素高效流动，提升城市形象品质，增强区域发展综合实力，打造开放型站点枢纽。

二是打造无形枢纽。推进新一轮信息高速公路建设，着力提升骨干传输网的传输和交换能力，强化对主要节点和有效用户的无缝深度覆盖，完善金融、航运、融资租赁、股权交易等无形枢纽的综合功能，提升无形枢纽对资源要素的集聚能力。

三是建设多层级枢纽平台。硬件建设和软件服务同步推进，加快打造重庆和成都两大世界一流综合服务枢纽。围绕重庆、成都现代化都市区建设，加快推动万州、涪陵、永川、合川、綦江、绵阳、宜宾、泸州等重要支点节点城市综合枢纽功能布局，打造不同层级、功能的枢纽载体平台。

（二）加大促进枢纽经济发展政策配套

争取政策支持和强化制度整合双向发力，扩大政策覆盖面，提升协同水平，促进枢纽经济快速发展。

一是加大制度供给。顺应实体枢纽向组织枢纽转变、交通枢纽向物流枢纽转变、区域枢纽向国际枢纽转变的趋势，积极争取国家相关政策支持，创新制度供给，强化政策储备和动态调整，完善政策支持体系，谋划有利于促进枢纽功能、门户地位、流动动能提升的财政、金融、投资、产业、税收政策和支持性措施。

二是强化部门联动和政策整合。加强部门政策间的相互衔接和支撑，加大对口岸合作、对外通道、通关便利化、跨境经济合作区、自由贸易试验区的政策支持，促进形成市场化、国际化的体制机制，优化枢纽经济营商环境。

四、创新区域合作新模式

深化成渝地区内部及周边区域合作，发挥试点示范功能，形成统筹有力、竞争有序、绿色协调、共享共赢的区域协调发展格局，促进成渝地区一体化开放发展。

（一）谋划打造成渝地区改革开放新高地示范区

强化毗邻地区一体化协同发展理念，打造区域合作示范区和对外开放示范区，加快推动成渝地区开放合作，共建创新包容的开放型经济体系。

一是打造“万达开”区域合作示范区。依托万州、达州和开州便捷的交通网络以及产业互补和腹地共享优势，进一步放大万州、达州、开州在渝东北和川东北地区辐射带动作用，强化国家级和省级开发区集聚带动功能，联动广安、梁平、云阳等地和渝西高铁沿线，带动渝东北和川东北地区一体化发展。重点在基础设施、科技创新、产业协同、生态环境、市场体系等领域推进一体化建设，彻底打破行政壁垒，探索劳动力、资本、技术等生产要素资源跨区域配置。打造以产业协作共兴、生态环境联防联治、交通基础设施互联互通、开放平台共建共享、无障碍旅游合作等领域为重点的区域合作示范区和经济协作区。

二是打造成渝地区南向开放示范区。深入对接“一带一路”、长江经济带、西部陆海新通道等国家战略，以永川、江津、巴南、綦江以及泸州、宜宾等为重点，以加快推动川南渝西融合发展试验区等省际合作平台建设为抓手，高标准搭建开放平台，多层次拓展合作空间，加强区域合作与对外开放，优化海关特殊监管区、保税仓、保税物流中心和综合保税区等重大开放平台布局，谋划布局水果、农副产品、工业产品等口岸，大力发展外向型经济，打造成渝改革开放新高地先行示范区。

（二）积极拓展国内外合作新空间

围绕国家区域协调发展和开放发展需求，国内外双向发力，进一步拓展成渝地区国内外合作新空间。

一是拓展国际合作空间。深化成渝协同，整体对接国家“一带一路”建设，积极实施“走出去”“引进来”战略，拓展合作新空间，深化与欧亚大陆桥、“丝绸之路经济带”、“21 世纪海上丝绸之路”经济带以及中亚、南亚、东盟和欧洲的合作共赢，打造面向南亚、东南亚的重要对外开放基地。发挥包括中新项目、各类跨国合作园区功能，创新合作新模式，拓展合作领域，提升合作水平。

二是拓展国内合作空间。依托长江黄金水道为主的综合立体交通走廊，加强与长江中下游港口协作，优化沿江经济产业布局，扩大沿江物流、人流、信息流和资金流流动，有效承接产业转移和人口回流。主动创造合作条件，积极参与泛珠三角合作。积极拓展与关中平原城市群、长江中游城市群以及贵州、云南等地区合作领域。

（三）促进成渝地区内部合作

以川渝合作示范区建设和体制机制创新为核心，加快推动成渝地区内部深度合作，以合作促开放、促发展。

一是推动川渝合作示范区建设。支持成渝地区特别是两省（市）毗邻的部分区位条件好、资源环境承载能力强的城市建设川渝合作示范区，加快打造川渝合作示范区广安片区、川渝合作示范区潼南片区，开展产业合作、协同发展，加强规划衔接，统筹布局生产生活空间，有序推动产业跨区域转移和生产要素双向流动，建设高质量发展先行区、现代经济开放发展示范区，为成渝地区一体化发展提供试点示范。

二是探索区域协同发展新机制。以打破地域分割和行业垄断、清除市场壁垒为重点，探索规则统一开放、标准互认、要素自由流动的一体化市场机制，推动成渝地区区域市场加速融合。探索成渝地区共享144小时过境免签政策。建设西部联合股权交易市场，推进相互代理、挂牌企业信息数据共享。建立完善成渝地区生态联防联治、公共服务共建共享机制。

（四）强化跨区域基本公共服务统筹合作

聚焦公共服务领域，加快体制机制创新，推动区域统筹合作，构建区域基本公共服务一体化协同发展体系。

一是强化医疗卫生和教育合作。加快完善医疗卫生、劳动就业等基本公共服务跨城乡跨区域流转衔接制度，出台跨省转移接续具体办法和配套措施。建立服务川渝的高级医疗卫生专家库。依托四川大学华西医院、陆军军医大学西南医院和重庆医科大学附属医院等优质医疗资源，加快建设引领国内具有全球影响力的国家级医学中心与卫生应急救援和保障中心。统筹规划建设区域性医疗中心，鼓励发展一批品牌医联体或跨区办医。支持两地学校合作办学，推动两地中职学校与高职院校、本科院校纵向衔接。鼓励联建或跨市共建养老服务机构。

二是统筹两地公共事务协同治理。加强两地市场监管部门食品生产工作的协作交流，支持开展川渝两地危化、矿山市级救援队联合演练、训练工作。完善地质灾害综合防治体系和突发性、非常规性应急保障机制。推动建立健全川渝两地涉及事关国家安全、公共卫生、反恐防暴、社会政治稳定等重大事项的情报互通共享和线索核查机制。

五、提升城市国际化水平

放大优势，补足短板，完善功能，提升重庆和成都对国际化元素的集聚能力和吸引力，打造成渝对外开放核心载体和国际化、绿色化、智能化、人文化的现代城市，建设国际消费目的地。

（一）打造国际化市政硬件环境

加快提升城市轨道和市政基础设施国际化水平，建设适应国际化城市发展需要的市政硬件环境。

一是打造轨道上的都市区。坚持轨道交通引领城市发展格局，按照“中心加密、辐射周边”的思路，超前谋划宜宾、泸州、南充、达州等重要区域中心城市，涪陵、永川、合川、綦江—万盛等支点节点城市之间轨道交通和城际铁路连接线，完善高速铁路、市域铁路、城市轨道一体化融合发展的多层次轨道交通网络，形成以轨道交通为骨干的多制式相互衔接、互为补充的轨道通勤圈，打造重庆和成都两大具有国际影响力和竞争力的现代化都市区。

二是加快建设“无障碍”的国际化市政环境。适应城市国际化发展建设需求，加快市政基础设施建设，推动各类设施智能化升级，重点谋划打造智慧的供排水、智慧的燃气供应、智慧的电力和通信保障，加快提高国际化城市市政智慧管理和优质服务供给水平。建设和完善城市全天候、无死角安全视频监控网络，推动安全生产综合信息平台及饮用水源适时智能化监测信息系统平台建设，有效提升城市安全的智能保障。

（二）营造国际化发展软环境

对标发达国家，适应国际化发展需要，营造安全便捷的国际化发展软环境，提升软环境国际竞争力。

一是营造“无障碍”的国际化公共服务软环境。围绕具有国际化视野和服务水平的医疗技术机构、健康管理公司和卫生咨询机构等，聚焦国际化大都市服务体系建设，通过引进总部、分支机构、管理机构等开展特色化和差异化医疗服务。发展国际的特色教育，鼓励和引进有国际化教育经验和资质的国际知名教育机构，联合成渝地区教育机构，开展国际化人才培训、人才认证等合作，创办覆盖素质教育、职业教育、继续教育的多领域优秀国际课程体系。完善外籍人员保障体系，将长期在成渝地区工作、学习的外籍人士逐步纳入基本医疗保险、工伤保险和失业保险等公益性保障范畴。实施国际化标识提升工程，规范城市公示语标志，建设具有成渝特色的国际化街区和社区。

二是建设绿色宜居城市环境。构建与城市国际化发展相适应、与“碳达峰”“碳中和”目标相契合的新型产业体系，不断降低产业能源资源消耗水平。大力推进“公共都市”建设，加快城市轨道交通和城际铁路建设，逐步解决城市交通拥堵等城市病。推进海绵城市建设，严格控制并解决城市大气、水体、噪声等主要污染问题，建设碧水青山、人文厚重的绿色生态城市。运用大数据、云计算等信息技术提升公共行政、商务办公、医疗健康、教育科技、社会保障、交通出行等智慧化水平。

（三）构建国际化商务环境

对标发达国家，构建与国际接轨的商务环境。

一是加快引进国际化水平较高的商务服务机构。围绕成渝地区产业特点和区域特色，加大战略性招商力度，积极吸引国际知名的咨询、法律、中介、会计、传媒、服务贸易等服务机构在成渝地区落户，重点推动具备国际视野、有较强国际竞争力和全球客户的大型商务服务企业在成渝地区设立西南总部或区域总部，提升成渝地区国际化商务服务水平和服务西南地区能力。

二是促进商务服务机构相对集聚发展。在江北嘴重庆国际金融中心、天府国际金融中心、重庆自由贸易试验区、四川自由贸易试验区、两江国际商务中心和天府国际商务中心，以及核心商圈等外籍人士相对集中、国际化服务需求较大的区域，打造高品质商务活动集聚区，增强服务合力，提升吸引国际机构、资本、信息、人才、技术的能力，把成渝地区打造成为集聚国际要素资源的战略要地。

三是营造国际一流的商务生态环境。推动光纤宽带网、无线宽带网、移动物联网深度覆盖，鼓励新一代通信技术在智慧交通、枢纽管理、会展服务等领域深度渗透和应用推广。创新人才服务机制，加大专业性、国际化、创新型人才引进力度，完善人才公寓管理体系和管理制度，提升人才综合服务水平。引进国际化人力资源服务企业，打造面向高层次人才的共享服务平台。

（四）打造国际交往中心

推动成渝地区对外交往的资源优势、品牌优势、产业优势转化为发展优势，全方位推进国际交流合作，打造国际交往中心。

一是打造国际组织机构集聚地。加快推动重庆国际领事馆区建设，聚力改善成都领事馆区外部环境，吸引更多国家在成渝地区设立领事馆。积极争取联合国、世界银行以及国际体育、文化、教育、科技等类型国际组织机构设立区域总部或分支机构。推动区域性组织与国际组织深度合作交流，发挥各类国际资源优势，服务成渝地区城市发展。

二是积极承办国际重要会议活动。发挥西洽会、西博会和智博会品牌效应和带动作用，加强与国际组织及国际知名展览机构的合作，承办具有国际影响力、区域辐射力和市场潜力的品牌展会。积极筹办国家元首会晤、国家级甚至世界级展会论坛赛事，争取成为部分国际会议永久会址。

三是大力拓展城市间和民间外交。积极与欧盟、非洲、东北亚和东南亚等地区的国家城市缔结友好城市，互办城市文化友好年。引入世界知名的新闻传媒机构在成渝地区设立驻中国西部地区的办事处、代表处和记者站等机构，提升成渝地区国际新闻传播和新媒体研发创新功能地位。加强文化艺术常态化交流，传播成渝文化，唱响成渝特色声音，展现成渝文化魅力。

（五）建设国际消费中心城市

抢抓成渝地区建设战略机遇，着力构建优质高效、开放融合、特色突出的“成渝消费”服务体系，持续增强消费对经济发展的基础性作用，形成“买全球卖全球”国际消费大格局。

一是打造国际消费集聚区。强化“买全球卖全球”商业贸易功能和资源集聚功能，建设西部地区国际品牌入驻和购物首选地、国际品牌首发地，打造世界进口商品超市和国内品牌“世界橱窗”。发挥成渝两大国家中心城市独特景观风貌和文化积淀优势，着力塑造国际地标性消费景观，提升新型消费商圈和特色商业名街名镇品质和影响力，发展夜市、夜展、夜秀、夜游等夜间经济产品，培育夜间文旅消费集聚区，拓展川渝夜间经济品牌效应，全面展现川渝时尚消费魅力。优化离境退税定点商店和进口商品市内免税店等空间布局，探索建设离境退税示范街。

二是提升国际化消费品质。倡导绿色、健康、安全的消费理念，培育更加成熟的消费细分市场，大力发展个性化定制消费，增加中高端商品和服务供给。引进集聚国际高端服饰品牌、国内外知名餐饮品牌和特色美食、国际性品牌展会活动和文化展演活动等优质消费资源，吸引国内外知名品牌新品首发，打造消费时尚风向标。培育一批彰显成渝地方特色的精品和国际文旅品牌。

六、加快完善开放体制机制

加快完善开放体制机制，创新外贸外资服务手段，统筹推进协调发展，进一步推动成渝地区开放型经济建设向广度、深度和高度拓展。

（一）完善开放体制机制

坚持成渝两地统筹联动，创新开放体制机制，着力培育开放合作新优势，形成全方位对外开放新格局。

一是完善行政管理体制机制。在成渝地区范围内，创新口岸平台、物流通道、交通枢纽及开放园区无缝对接和有机联系的行政管理体制机制，促进一体化联动发展。健全服务贸易促进体系，全面实施单一窗口和通关一体化。

支持成渝地区借鉴发达国家和地区物流、金融、信息、产业、要素等领域的开放政策，积极探索创新国际贸易、投融资便利化、金融开放等体制机制。

二是完善重点领域体制机制。推进创新外商投资管理体制，促进“走出去”战略新体制、外贸可持续发展新机制、贸易便利化新体制。健全开放型经济的区域创新体系、安全保障体系、开放安全的金融体系、知识产权保护体系和开放型、创新型高端人才体系。建立重点企业和重点项目支持制度，吸引“世界500强”和“中国500强”战略投资者入驻，出台设施互联互通、能源互利投资、出境出海、对外贸易倍增、生态文化旅游、合作平台搭建等专项支持政策。探索省级以上开发园区推行自由贸易试验区创新制度。深入推进国家自主创新示范区建设，积极探索投贷联动和“股债结合”融资、创新土地利用机制和项目审批体制、加速科技成果转化等创新政策。

（二）创新贸易监管制度

以重庆自由贸易试验区和四川自由贸易试验区为载体，创新监管制度，再造监管流程，提升贸易便利化水平。

一是创新内外贸一体化监管模式。加强口岸检验检疫综合能力建设，完善适应跨境电子商务、保税贸易、国际会展等新型业态发展的海关和检验检疫监管措施。以适应国际跨国公司运营需求和培养本土跨国公司全球运营为目标，建立适应高标准全球供应链要求的监管制度体系，鼓励和支持企业建设全球和亚太分拨中心，提升供应链水平。探索推动非海关特殊监管区域企业开展自产设备维修，扩大全球维修业务的制度性安排。

二是完善信息网络共享平台。开展国内产品质量监督和出口商品质量监管的信息共享试点，建设跨境电子商务质量安全风险监测中心，实行智能化卡口、电子信息联网管理模式。优化外贸企业开办流程，建设“一窗通”服务平台，实现申请人线上一次申请，相关部门实时获取数据、同步开展审批、即时反馈结果。

三是提升自由贸易港便利化水平。以实现货物、管理、人员、资金、运输自由流动为目标，构建以境内关外为特征的监管政策体系，建立自由进出、便利安全的进出境管理制度。

第三节　弥补短板，创新高质量发展体制机制

长三角、京津冀、粤港澳大湾区等东部沿海发达地区改革开放走在我国前列，主要靠的是大胆地进行体制机制创新。成渝地区要建设具有全国影响力的改革开放新高地，也应在区域发展的体制机制创新方面加快突破，力争在相关领域改革实现中西部领先。围绕构建成渝地区高质量发展的体制机制，加快推动经济体制市场化，在城乡融合发展机制、生态文明体制、社会民生体制等重点领域加大改革创新力度，弥补区域发展短板，为西部地区深化改革作出示范。

一、积极探索经济体制市场化改革

经济体制决定一个国家或地区经济发展“走向何方”。在市场经济大背景下，必须要把推动经济体制市场化改革作为成渝地区实现高质量发展的首要任务。要推动要素市场加大改革力度，进一步放宽市场准入管制，着力完善市场竞争体制，加快建设实体经济、科技创新、现代金融、人力资源协同发展的产业体系，使成渝地区成为西部地区经济高质量发展的标杆。

（一）深化要素市场改革

要素市场是市场经济发展的基础。近年来，川渝两地积极推动土地、劳动力、资本、技术、数据等要素市场建设，但两地协作联动不够、要素市场体系不健全，要素市场一体化程度较低，离市场经济发展的要求还有较大差距。为此，要积极争取建设成渝要素市场改革试验区，打造西部金融中心，

以市场化导向推动要素市场改革，助推成渝地区完善市场经济体系。

一是加大金融业改革力度。当前，成渝地区和全国一样，金融业改革还不够彻底，还需要进一步深化。要放宽对外资和民营资本进入金融领域的管制，鼓励更多社会资本进入金融业相关领域，形成金融市场竞争机制，创新金融服务方式，切实降低企业融资成本。积极开展私募股权投资基金和创业投资基金等创新试点，打造私募基金西部高地。加快国家金融科技应用和金融标准化创新试点，建设科技金融创新发展高地。

二是推动土地、资源能源等要素在更大范围内自由流动。推动生产要素科学合理配置是市场经济的核心。要实现成渝地区的要素合理配置，首要前提是保证资源要素能够在区域内实现自由流动。要以建设统一的要素市场为导向，合理设计收益分享机制，探索土地要素在成渝地区城乡之间、跨区域之间科学合理流动机制，促进资源能源等要素领域尽快形成市场定价机制，让要素资源充分流向效益更好的行业领域。

三是破除妨碍市场公平竞争的规定和做法，推动生产要素优化配置。当前，成渝地区和国内其他地区一样，在经济发展方面还存在一些妨碍市场公平竞争的制度约束，必须加以破除。要消除成渝地区、政府各部门间的分割，清理妨碍统一市场和公平竞争的各种规章制度，形成负面清单制度，让生产要素配置到最需要的行业和地方。

（二）深化市场竞争体制改革

形成市场竞争体制是增强市场主体发展活力的关键。地处西部的成渝地区尚未形成富有活力的市场竞争体制，市场化程度还落后于东部沿海地区，必须要加大改革力度。

一是加快推动关键领域和垄断行业国有企业实现混合所有制改革。关键领域和垄断行业一直由国有企业掌控，这些是深化市场竞争体制改革的重点，成渝地区必须在这些行业的混合所有制改革方面有所突破。选择电力、天然气、铁路、民航、电信等重要领域、关键行业和垄断环节，通过合资、合作、并购、参股、入股等方式，引入优质非国有资本，推进国有企业混合所有制改革，提高国有资本运营效益。

二是推动国有企业融入市场竞争体系。目前我国国有企业大都建立了现代企业制度，并走向市场，但长期以来形成的计划经济惯性思维尚未完全摒除，必须进一步加快改革步伐，让成渝地区的国有企业真正完全融入市场竞争体系。要坚持“竞争中性”原则，稳妥推动国有企业融入全面市场竞争政策体系。积极争取国家支持成渝地区国资国企综合改革试点，加大国有企业分类改革力度，采取破产重组、兼并收购、债转股、混合所有制改革等方式，推进国有经济优化布局调整。

三是进一步放开民间投资市场准入，废除对非公经济的相关不合理规定。成渝地区按照国家要求在放宽民营资本市场准入方面作出了很大努力，非公经济发展取得了较大成就，但仍然存在准入门槛过高等问题，需要进一步深化改革。要进一步放宽市场准入，明确各类市场主体可以依法平等进入市场准入负面清单以外的行业、领域等。消除各类隐形竞争壁垒，保证各种市场主体可以依法平等使用生产要素，参与市场竞争，并受到法律保护。

四是大力弘扬企业家精神。企业家是市场经济主体发展的核心。一个地区经济要实现高质量发展，必须要保证企业家的安全感，让企业家能安心带动企业员工一心一意一起谋发展。为此，要切实加强企业家合法权益保护，增强企业家发展信心，稳定企业家发展预期，激发民营企业创新创业活力。

（三）放宽重点领域不合理管制

当前，一些行业领域特别是新兴行业的发展受制于一些不合理的管制和规定。放宽行业管制是当前成渝地区实现高质量发展必须突破的方面。

一是放宽现代服务业及新兴领域的进入管制。由于标准和规范难以统一，加上监管困难，现有一些规定对社会资本进入一些服务业领域和新兴行业的管制相对较严，已不能适应市场经济发展需要。成渝地区要探索进一步放宽对教育、医疗等现代服务业和“互联网+”、大数据、大健康等新兴行业的进入管制，引导更多社会资本强化创新，对冲成本压力，获得更好发展。

二是及时调整相关政策法规和标准，积极适应新业态新领域的发展新趋势。近年来，新业态新模式新领域蓬勃发展，而我们的相关政策规定却无法跟上时代发展步伐，一些领域甚至还存在法规空白，亟须转变这种状态。成渝地区要深入研究互联网医疗、新能源汽车、在线服务等新业态新模式发展遇到的法律法规制约，及时调整相关政策法规，制定新的行业标准体系，以适应新经济的发展需要。

二、深化城乡融合发展机制改革

成渝地区具有典型的城乡二元结构，要实现高质量发展，必须要加大城乡发展改革力度，推动城乡融合发展。要在重庆、成都两地统筹城乡综合配套改革试验前期基础上，继续深化重点领域改革，统筹推进新型城镇化与乡村振兴，形成以人为核心的城乡融合发展新机制，全面提高城镇化质量，打造西部地区城乡融合发展样板。

（一）改革新型城镇化推进机制

只有加快新型城镇化进程，建设一批具有引领带动作用的新型城镇，才能更好地推动城乡融合发展。当前，成渝地区和全国一样，新型城镇化还面临许多需要突破的地方，要积极争取将成渝地区作为国家新型城镇化改革试验区，加快构建新机制，提高成渝地区城镇化质量。

一是构建新型城镇化新机制。成渝地区各城市间的地理区位和距离差异性很大，每个城市承担的功能也应不尽相同，要注重城镇功能的协同布局和协同规划建设。通过构建城镇协同发展新机制，促进区域内城镇功能分工互补，推动大中小城市和小城镇实现网络化发展。

二是探索城市增长边界管理机制。成渝地区各城市的地形条件和人口集聚发展态势不同，要因地制宜合理提升城市规模。按照综合承载能力、开发强度和发展潜力标准，合理划定城市增长边界，优化城市生产、生活和生态空间，提高城镇发展质量。

（二）深化农村改革，推动乡村振兴

乡村振兴要取得更大的成效，必须要深化农村改革，突破限制农村发展需要的各种生产要素流动的藩篱。争取将成渝地区作为农村综合改革试点区域，在农村土地制度、农业发展机制、乡村治理等方面加大改革试点。

一是深化农村土地制度改革。土地是农村发展的基础，成渝地区要顺应当前农业农村发展的趋势，加快农村承包地、宅基地、集体经营性用地等土地制度改革。要进一步完善农村承包地“三权分置”制度，稳妥推进宅基地制度、集体经营性建设用地入市、农村土地征收等改革试点，探索宅基地“三权分置”，力争最大程度释放农村土地要素参与乡村振兴的活力。

二是创新现代农业经营体系。成渝地区拥有山地、丘陵、河谷、平原等多种地形，只走规模经营的现代农业发展道路不切实际。要因地制宜，完善利益联结机制，鼓励适度规模经营，逐步形成以家庭经营为基础、合作与联合为纽带、社会化服务为支撑的立体式、复合型现代农业经营体系。

三是完善农业支持保护制度。成渝地区要借鉴国外农业发展经验，加大对农业发展的支持保护力度。要发挥市场机制作用，创新金融服务方式，加大对农业发展的投入支持力度。同时，要推动农业担保等加快发展，全力支持农业稳定发展。

四是推动乡村治理体系改革。乡村振兴要夯实乡村治理这个根基。成渝地区要按照“治理有效”的要求，顺应乡村发展趋势，创新乡村治理机制，健全自治、法治、德治相结合的乡村治理体系，为乡村振兴提供坚实保障。

（三）完善城乡融合发展机制

成渝地区城乡融合发展水平还比较落后。依托重庆西部片区、成都西部片区，争取将成渝地区更大范围纳入国家城乡融合发展试验区，突破相关制约条件，加大改革力度，形成以人为核心的城乡融合发展制度。

一是构建城乡一体的管理体制。城乡管理体制一体化是成渝地区实现城

乡融合发展的前提。要彻底改变城乡二元分割管理的体制，加大城乡户籍、土地、公共服务和社会治理一体化改革，促进城乡要素科学合理流动。

二是加速农业转移人口市民化。当前，成渝地区仍有大量的农业人口在城市发展，保持这一批人能够在城市和农村之间自由流动是实现城乡融合发展的关键。要继续深化户籍制度综合配套改革，本着自愿原则，促进符合条件的农业人口市民化，让人力资源在城市和农村之间自由流动。

三是完善进城落户农民“三权”① 自愿有偿退出机制和资本化途径。要让农民能够安心进城落户并实现“稳得住、能致富”，必须要将附着在农民身上的“三权”科学合理地分置并实现资本化。这样农民在农村拥有的权益才能真正成为在城市实现更好发展的资本。成渝地区要加快农村相关产权确权制度改革进程，进一步明晰农民拥有的相关产权。探索附着在进城落户农民身上的“三权”自愿有偿退出机制，探索“三权”加快向资本化转变的途径，让更多农民享受到城乡融合发展成果。

三、深化生态文明体制改革

生态文明建设是新时代我国实现高质量发展的重要保证。当前，成渝地区在生态文明体制机制方面还需要加大改革创新力度，推动生态文明建设走深走实。要践行“绿水青山就是金山银山”的理念，以产业生态化、生态产业化为重点，加快生态环保治理体制机制改革，打造西部地区生态文明先行示范区。

（一）健全生态保护制度

生态保护制度是生态文明建设的基础制度。要继续健全生态保护制度，推动生态保护落到实处。

一是强化生态空间管控。生态空间是生态文明建设的保障。成渝地区作为长江上游重要的生态屏障，承担着维护我国生态空间安全的重任。要把生

---

① “三权”指土地承包经营权、宅基地使用权、集体收益分配权。

态空间管控放在国土空间管控的首位，继续完善国土空间规划和用途统筹协调管控制度，落实生态保护红线、环境质量底线、资源利用上线和生态环境准入清单“三线一单”管理制度，提升生态环境保护精细化程度。

二是完善生态保护和修复制度。把生态保护和修复制度的完善作为生态文明建设的重要抓手。创新生态保护和修复体制机制，加大山水林田湖草生态保护修复力度，夯实长江上游重要生态屏障基础。按照国家要求，进一步健全国家公园、生态湿地、饮用水源地等保护制度。推动重庆广阳岛加快生态修复，建设长江生态文明创新实验区。

三是落实生态环境保护责任制度。要保护好生态环境，必须要把责任制度落到实处。把生态环境保护责任落实到成渝地区各级政府，探索完善生态文明建设目标考评制度，进一步落实生态环境保护主体责任，让加强生态环境保护成为常态。

（二）探索产业生态化、生态产业化体制改革

产业生态化、生态产业化是成渝地区实现绿色发展的重要抓手。选择成渝地区有条件的区域建设长江上游产业生态化、生态产业化先行示范区，强化相关体制机制改革，以期为成渝地区、西部乃至全国探索产业生态化、生态产业化新路径积累经验并作出贡献。

一是健全产业生态化激励约束机制。产业生态化需要投入大量的资金，必须要通过优化完善激励约束机制来调动企业主体的积极性。要加大财税、金融、投资等政策扶持力度，支持生产企业加大生产线绿色化改造，鼓励发展绿色制造。争取国家支持成渝地区建设长江经济带绿色金融改革创新试验区，研究出台政策推动绿色金融加快发展，支持市场主体开展绿色技术创新。完善产业生态化考评机制，鼓励成渝地区各地实施相关措施实现绿色发展。

二是深化生态产业化体制机制创新。成渝地区生态资源优势较明显，具备通过生态产业化转化为经济优势的基础条件。目前，成渝地区和全国一样，在生态产业化方面还存在诸多关键环节没有突破，特别是生态产品价值实现

机制的构建需要加大力度。要深入研究生态产品价值内涵及属性，积极探索建立生态产品价值实现机制，推动生态产品实现资产化、资本化运作。探索生态权益交易、生态展示等新业态新模式发展机制。探索生态发展权与生态产业发展绩效挂钩改革试点，最大化实现生态价值。

（三）深化生态环保治理机制改革

提升生态文明建设水平必须要有科学完善的生态环保治理体制机制作为保障，成渝地区要继续深化相关机制改革。

一是完善污染防治区域联动机制。成渝地区属于长江母亲河上游，生态环保责任重大。区域联防联治是保证成渝地区生态环保工作做实做细的重要方面。要继续深化生态环保管理体制改革，推动生态环保责任下沉到基层，让环保管理落细落实。统筹推动区域环保信息共享，建立完善的生态环保联合执法机制，形成生态环保共治格局。

二是探索跨区域生态补偿机制。生态补偿是我国生态文明建设的重要保障。成渝地区应在生态补偿机制方面进行探索，力争为全国率先作出示范。在目前重庆流域横向生态补偿机制探索实践基础上，争取国家支持成渝地区建设流域横向生态补偿试点区，建立健全成渝地区跨区域横向生态补偿的体制机制。

四、深化社会民生体制改革

高质量发展的出发点和落脚点是持续保障改善社会民生。成渝地区要持续深化社会民生领域的体制改革，切实保障广大人民群众能够享受到高质量发展产生的成果。围绕满足人民对美好生活的向往这一目标，以均等化便利化为导向、以精准化多元化为特色，提升公共服务智慧化水平，构建高质量民生保障体系，推动成渝地区公共服务水平在西部地区处于领先。

（一）强化就业创业体制机制改革

充分就业对地区经济实现高质量发展至关重要。在重庆两江新区、四川天府新区国家级新区及开发区等建设创业就业试验区，继续加大支持就业创业的改革力度。

一是深化多层次就业服务体系改革。当前，我国就业需求和就业方式正在发生新变化。为此，成渝地区就业服务体系建设必须紧跟时代步伐，加快改革探索，适应居民就业需求变化。要围绕形成“5A”就业新模式①，加快搭建人力资源智慧服务平台，积极探索智能化公共就业服务，让劳动者享受到更好的就业服务。

二是创新定制式技能培训模式。技能人才是成渝地区实现高质量发展的保障，要千方百计培养一批新型技能人才。围绕成渝地区产业转型升级实现高质量发展，依托公共实训基地，建立完善校企联合培养机制，定制式培育各类实用新型人才，满足区域内产业发展对各种技能人才的需求。

三是贯通创业“瓶颈”制约。激发成渝地区全民创业活力，制度保障是关键。要梳理废除相关限制创业的政策规章，最大程度降低准入门槛，消除限制创业的制度性障碍，鼓励创新人才围绕新经济、新业态、新模式开展创业，争取培育一批创新型团队和企业。

（二）创新收入分配体制机制

让老百姓过上美好生活的最直接的手段就是提高居民收入水平。要进一步探索收入分配体制机制，努力实现居民收入稳步增长。

一是探索产权收益实现途径。产权收益是持续提高居民财产性收入最稳定的来源。要深化农村产权制度改革，探索农村产权交易流转，让农民能最大化享受到产权收益。结合混合所有制改革，探索企业员工集体持股获取收益机制。

二是完善收入政策措施。持续稳定的收入是激发干事创业人员动力的保障，相关政策措施要紧跟发展需要，落实国家关于科研人员更大自主权的政

① “5A”就业新模式：指任何人（Anyone）、任何时间（Anytime）、任何地点（Anywhere）均能创业就业（Any Business and Employment）及获得相应服务（Any Service）。

策，推动科研项目从过程管理向结果管理，激励科研人员干事创业。扩大企业年金、职业年金覆盖面，稳定退休职工收入水平。

三是完善社会福利制度。一个国家和地区要进一步完善社会福利相应制度，让其发展成果惠及广大人民群众。要根据经济发展、公共财力和社会需要，持续扩大保障人群，适度提高保障标准。

（三）改革教育创办模式

教育是一个地区实现长远发展的基础。争取国家支持，成渝地区建设教育综合改革试验区，继续加大教育创办模式的改革，适应新形势下的教育需求。

一是大力推进智慧教育。以现代信息技术为支撑的智慧教育拓展了教育方式，要想巩固扩大教育效果，必须大力推进。要加快建设智慧教育物联网，做大线上教育。积极引入全球优质教育资源，改变传统课堂组织模式，倡导教育新模式。

二是深化素质教育改革。提高学生综合素质是教育改革的终极目标，成渝地区应该在素质教育改革方面走在西部前列。要充分发挥成渝地区的山水人文资源条件优势，加快建设一批学生素质教育基地，在大、中、小学生各阶段积极开展“研学旅行”，着实提高学生综合素质教育。

三是深化高等教育产教融合、产学研合作。当前，成渝地区在高等教育方面最大的短板是产教融合不够、产学研合作不够深入，需要进一步突破。要大力支持高校与企业组建创新联盟，加大国际合作力度，推动产学研更加深入，提高产业创新能力。鼓励高校为企业开展订单式培养人才，让学生毕业后能更好、更快地适应企业工作。

（四）推动医疗卫生健康管理改革

医疗卫生改革是社会民生改革的重要方面。积极争取国家支持成渝地区有条件的区域建设国家大健康综合改革试验区，继续深化相关改革，提高公共医疗卫生供给服务能力。

一是优化医疗卫生服务资源配置体制。实现成渝地区医疗公共服务均等化，医疗卫生服务资源合理配置是基础。应以人口数量为基础，结合区域服务半径，合理配置医疗卫生资源，改变过去医疗卫生服务资源配给不甚合理的局面。同时，要适度放开医疗服务市场，让更多的社会力量参与举办医疗服务机构，为居民提供高质量的医疗服务。

二是完善高水平医疗机构帮扶机制。目前，成渝地区中小城市医疗服务能力和水平与大城市相比还有待提高。应推动大型综合医院与中小城市医院合作，形成专业科室共建、医护人员共享机制，提高中小城市医疗服务水平。

三是形成健康管理新机制。随着人民生活水平的提高，人们越来越注重身体健康，健康管理需求将会不断增加。作为西部地区的“领头羊”，成渝地区应在健康管理新机制方面做相应探索和实践。探索推行以全科医生为主的家庭医生团队签约服务模式，为居民提供个性化健康服务，提高居民健康管理水平。

第四节　注重协同，促进区域一体化发展

长三角、京津冀、粤港澳大湾区等区域一体化程度较高，归根结底在于它们注重区域协同发展，特别是协同有关的体制机制创新方面值得成渝地区借鉴。应按照一体化理念，加大区域要素市场、制度体系、营商环境、社会治理等方面协同改革力度，助推成渝地区高水平协同发展。

一、推动要素市场一体化

由于行政区划因素，成渝地区要素市场一直处于割裂状态，有必要实现一体化发展。要从人力资源一体化、土地市场一体化、要素交易一体化等方面，构建一体化要素市场。

（一）构建统一开放的人力资源市场

人力资源自由流动是要素市场一体化的关键。要加大两地协作力度，推动人力资源市场一体化发展。

一是加强人力资源服务协作。当前，成渝两地的人力资源服务仍然各自为政，尚未真正实现高效协同。要推动成渝两地人力资源服务政策衔接及信息共享、整合发布，联合开展人力资源职业技术培训和举办人才招聘会，加快集聚各类人力资源。

二是推动人力资源实现区域内自由流动和优化配置。目前，成渝地区人力资源特别是高级人才的自由流动还存在一些障碍，应在体制机制上予以突破。对成渝两地的高层次人才加大协同管理力度，在身份不变、关系不转、户口不迁的前提下，探索建立能进能出、双向选择的人才柔性流动机制[①]。加强成渝两地的干部队伍交流，推进两地主要领导干部交流、轮岗和挂职机制，实现干部交流常态化、制度化。

三是推动人才资源互认共享。由于行政区划因素，成渝两地在人才资源认定方面还各自为政，应积极推动互认共享。打破户籍、人事关系、身份等方面的限制，实行成渝两地专业技术任职资格、继续教育证书、外国人工作证等人才资质互认互准制度。

（二）建立统一的土地市场

推动成渝地区建设，通过构建统一的土地市场，实现土地要素的自由流动和高效集聚是核心。强化成渝两地的土地要素市场化配置综合改革，推动建立城乡统一的建设用地区域市场。

一是统筹区域土地管理。管理制度的统筹是成渝地区建立统一土地市场的前提。对成渝地区的土地实行统一管理，加快探索建立用地指标跨区域统筹、空间资源跨区域盘活的新型土地管理体制机制。深化城乡建设用地增减挂钩改革，探索建立区域内人口流动与土地指标转移互相挂钩的管理机制。

---

① 中共中央，国务院．长江三角洲区域一体化发展规划纲要［EB/OL］．2019.

二是建立区域建设用地指标统一管理机制。建设用地是保障成渝地区实现高质量发展的关键。目前两地之间、内部各区（县）之间存在建设用地指标调配不平衡等问题，迫切需要探索构建统一的指标管理机制。对建设用地的收储及出让，要建立统一的管理机制，年度土地的收储、出让等计划也要实现统筹平衡。

三是用好跨省补充耕地国家统筹机制，支持重点项目建设。重点项目是成渝地区发展的重要支撑，但项目用地还不能完全获得保障，需要充分利用好国家现有耕地占补平衡等相关政策，使项目能顺利建设。遵循国家层面统筹、地方政府分担的基本原则，要优先保障成渝地区跨区域的基础设施重大项目、生态环保项目等所涉及的建设用地新增以及占补平衡的土地指标。

（三）完善一体化要素交易市场

实现要素交易的一体化是构建成渝地区统一要素市场的核心。推动成渝两地各类要素交易市场联网交易，推动公共资源交易平台互联共享，建设成渝地区产权交易共同市场。

一是培育完善形成统一的产权交易平台。目前，成渝两地各自建立了产权交易平台，平台的交易范围目前仅局限于自己管辖的行政区范围，尚未实现两地交易平台互通。要探索水权、排污权、碳排放权等两地互相交易，推进川渝电力市场一体化发展，逐步拓展权属交易领域与区域范围。

二是建立统一的技术市场。成渝地区要实现一体化高质量发展，必须要构建统一的技术市场，让两地的创新成果能够在市场内实现互相交易，增强两地创新发展动力。要建立统一的技术创新成果市场交易平台，制定统一的成果转移转化支持政策，实行高技术企业与成果资质互认制度，实现区内技术创新成果转化的市场化配置。

三是加强各类要素市场分工协作。成渝地区还有大量各类要素市场，需要在各司其职的同时实现协同分工，更好地保障区域一体化发展需要。完善区域性股权市场，推进区域异地存储、信用担保等业务同城化。联合设立成渝地区发展专项基金，重点投入区域基础设施重大项目建设、存量低效用地盘活、生态经济发展等领域。探索成渝金融服务一体化和同城化试点，推动供应链合作融资，建立跨区域联合授信机制。推动区域股转中心“双城通”，争取成渝两地金融要素市场整合重组、互设分支机构。

二、推动制度体系一体化

一体化的制度体系是实现成渝地区一体化发展的前提。要把成渝地区作为一个整体，从强化政策协同、形成区域协同标准、创新财税分享机制等方面构建一体化的制度体系。

（一）健全政策制定协同机制

政策协同是形成规则统一的制度体系的前提，要从规划管理、政策协调等方面加快构建成渝地区政策制定协同机制。

一是建立统一规划管理机制。规划是一个地区经济社会发展的指引。成渝地区要实现一体化发展，统一的规划管理机制是前提。争取国家支持，成立成渝地区发展领导小组，推动形成规划统一编制、重大事项安排、重大问题解决的规划管理体制。川渝两省（市）及相关部门强化合作，统一编制成渝地区双城经济圈发展规划及相关专项规划。

二是共同建立政策协同会商机制。政策协同是落实区域一体化规划的抓手。目前成渝两地建立了一些政策协同会商机制，但还有待进一步完善。加快构建成渝两地重大政策和重点领域制度规则的协调机制，以企业登记、环境保护、土地管理、财税分享、投融资、公共服务、人力资源管理等政策领域为重点，加快建立两地政府间的协商机制，提高政策制定统一性、规则一致性和执行协同性。

（二）形成区域协同标准体系

统一的标准体系能够更好地推动区域一体化发展。要加快推动成渝地区强化标准化组织共建、标准化试点和合作，构建区域协同标准体系。

一是共同打造标准化示范区。标准化示范建设对于推动区域产业结构调整，打造一批区域品牌具有重要意义。要以标准化试点为契机，积极争取国家支持，在相关行业领域，按照全国统一大市场要求探索建立区域一体化标准体系，打造西部标准化示范区。

二是共建标准化合作组织。跨区域标准化统一需要专门的组织机构来推动。要推进成渝两地共建标准化合作组织，主要负责区域统一标准的立项、发布、实施、评价和监督。初期可以选择在环境联防联治、农产品冷链物流、生态补偿、信用体系、基本公共服务等领域统一标准，先行开展试点。

三是强化标准实施协同。标准实施协同是落实统一标准化的重要举措。要加快推进成渝两地标准互认和采信，推动检验检测结果互认，实现标准制定和实施监管协同，建立区域协同标准体系。

（三）创新财税分享机制

成渝地区一体化发展，需要在财税方面探索一体化发展的制度创新。重点要把利益分配的关系理顺，积极争取国家支持跨区域 GDP 指标数分享试点，加快探索建立成渝两地共同投入、共享利益的财税分享管理制度。

一是探索建立一体化的税收征管机制。构建一体化的税收征管体制是推动区域财税一体化的前提条件。推动地方的各级办税服务平台加快数据交互，最终实现异地办税、区域通办。

二是探索税收分享制度。如何实现税收分享是推动区域一体化的关键，要探索建立税收分享制度，促进成渝地区实现高质量发展。研究对区域内新开办企业所形成的税收增量属于地方收入的部分实行跨行政区分享的机制，具体分享比例可以按照确定的期限并结合各种因素变化情况进行适时调整。探索建立成渝地区财政协同投入的体制机制，开发建设的资本金可以按照一定比例共同注入，统筹用于区域内相关项目建设。

三是建立区域间成本共担、利益共享机制。成本利益联结机制是推动区域一体化发展的核心。探索建立跨区域的基础设施重大项目建设、园区合作、产业转移的成本共担及利益共享的体制机制，逐步形成区域互利共赢的税收征管协调、利益分享机制，逐步构建区域税收、投资等相关利益争端的处理机制，进一步促进区域内各种生产要素能够自由流动，并实现高效配置。

三、推动营商环境一体化

一体化的营商环境是推动成渝地区实现一体化发展的内在要求。抓住世界银行把重庆纳入中国营商环境样本城市契机，积极推动成渝地区共同优化营商环境，提升区域软实力。

（一）推动区域营商环境一体化顶层设计

成渝地区营商环境一体化首先要推动顶层设计实现一体化。要瞄准构建国际公认的高标准市场的规则体系，打造透明、公平、稳定、可预期的良好市场环境。

一是共同打造最优营商环境。良好的营商环境是成渝地区实现高质量发展的基础。成渝地区要对标世界银行营商环境评价指标体系，强化协调联动，对照进行优化落实，共同推进区域营商环境加快优化。

二是推动招商政策协同。要实现成渝地区营商环境一体化，招商引资政策的协同也是关键。要对人才招引、招商引资等政策进行规范，并建立统一规则。强化区域政策前瞻性设计，加强区域内产业政策对接、环保一体化政策对接和协调，推动减税降费政策协同。

三是推动市场准入统一。市场准入是营商环境优化的核心内容，成渝地区要实现营商环境一体化，市场准入的标准也必须实现统一。要探索建立成渝两地联席工作会议，积极落实信息互通、服务互动，促进区域内市场主体准入条件、标准、程序和服务措施等规范统一。

（二）共同提高政府效率

政府服务效率是实现营商环境优化的关键。成渝两地要从协同审批、协同解决生产要素等多方面共同提高政府服务效率，为营造良好的营商环境打下基础。

一是推动成渝两地协同行政审批。跨区域行政审批协同是提高政府服务效率的基础。当前，成渝两地在行政审批协同方面还存在较大差距，需要继续深化。要深入推进“放管服”改革，共同简化审批等行政许可手续，最大化简化区域内企业迁移手续办理程序。

二是协同解决生产要素。为推动区域市场主体更好发展，政府可以从生产要素等方面帮助企业做好相关协调工作。要推动成渝两地各级政府联动，共同协调解决项目水电气等生产要素使用问题。

（三）强化市场监管协同

高效协同的市场监管体制机制是区域营商环境一体化优化的重要内容。要从企业登记标准统一、外商投资服务水平提升等方面提升成渝地区市场监管协同水平。

一是统一企业登记标准，实行企业登记无差别办理。企业登记“互办互发互认”是推动跨区域营商环境一体化的前提。建立完善跨区域的企业服务机制，为成渝地区的企业提供覆盖全生命周期的服务，企业根据需要可以自主选择相应的注册地名称，成渝地区内部可以实现自由迁移。建立公共信用联合奖惩机制，强化成渝地区企业诚信管理。

二是共同提升外商投资管理和服务水平。同等对待外资是成渝地区优化营商环境的重要方面。全面实施外商投资准入前国民待遇加负面清单管理制度，进一步放宽对外资准入的限制条件，健全事中事后监管体系。共同加大对国际知识产权的保护力度，建立健全外商投资企业投诉工作机制，保障外国投资者和外商投资企业的合法权益。

四、推动社会治理一体化

一体化的社会治理能力是适应成渝地区实现高质量协同发展的必然。要从公共服务协同和社会治理一体化等方面推动成渝地区构建一体化的社会治理体系。

（一）推动公共服务协同

提高公共服务水平是推动社会治理能力提升的重要抓手。成渝两地社会治理一体化必须高度重视区域公共服务协同。要将成渝两地居民同等对待，推动公共服务体系一体化建设和公共服务共享。

一是探索公共服务项目支出跨区域结转。长期以来，我国公共服务项目支出仅限于本行政区划，跨区域支出尚处于探索之中，成渝地区要在公共服务项目支出跨区域结转方面有所突破。积极与国家基本公共服务的标准和制度加强衔接，研究编制区域内基本公共服务项目清单，探索建立部分基本公共服务项目财政支出在成渝两地跨区域结转机制。

二是完善区内公共服务便捷共享制度。区域一体化首要的是公共服务要能够便捷共享实现一体化，成渝地区应在实施便捷生活行动基础上进一步完善相关体制机制。要探索组建医疗联合体，统筹区域内教育资源。推进基本医疗保险政策实现统一，逐步实现区域药品目录、医疗服务设施目录和诊疗项目的统一。

三是推进两地居民实现待遇一体化。能够实现居民跨区域待遇一体化是区域公共服务一体化的终极目标，成渝地区要在这方面大胆探索、走在前列。鼓励成渝地区老人异地养老，逐步实现老人卡及市民卡互认互用。尽快实现成渝两地居民在旅游观光、交通出行等方面享受“同城待遇”。

（二）推动社会管理一体化

区域一体化发展需要一体化的社会管理保驾护航。要创新建立成渝地区社会管理的一体化机制，提高区域社会治理专业化、法治化、社会化、智能化水平。

一是推进社会管理协同。跨区域统筹社会管理是推动社会治理一体化的前提。要建立成渝两地社会治理一体化的权责机制、联动机制与共享机制，跨行政区设立协调管理机构。推广网格化服务模式，推动城市服务协同管理精细化。建立健全成渝两地一体化社会治理联动机制。

二是推进应急管理一体化。成渝地区社会治理一体化需要加快构建一体化的应急管理机制，保障成渝两地居民的财产和生命安全。要畅通成渝两地突发事件联络渠道，强化两地间的突发事件信息共享机制，建立信息通报制度，切实推进联防联治。强化各种突发事件的应急管理，建立以重点区域为主的统一应急管理平台，进一步提高区域突发事件的应急处理能力。建立健全成渝地区重大灾害事故的联防联控机制，完善区域总体应急预案和相关专项应急预案。加强成渝两地应急管理的信息共享、业务协同、应急演练，促进防灾减灾救灾一体化、同城化。

第五章

保障措施

习近平总书记强调，牢固树立一体化发展理念，做到统一谋划、一体部署、相互协作、共同实施。推动成渝地区建设，需要按照一体化要求强化机制、政策、项目保障，构建更加高效有力的保障体系，确保各项工作有序推进、各项任务落地见效。

第一节　强化机制保障

推动成渝地区建设，必须加强顶层设计、统筹协调和任务分工。完善政府层面的工作机制，四川重庆党政联席会议研究重大合作战略、确定全局性的重大合作事项，常务副省（市）长协调会定期研究解决、督促落实重大合作事项，尽快设立人员双向互派的联合办公室，负责日常事务、综合协调、制定相关任务清单等工作，专项合作工作组科学制定和实施专项规划、方案和工作计划，持续深化四川重庆合作。充分发挥重庆市推动成渝地区双城经济圈建设领导小组和 7 个专项小组的作用，积极向中央和国家部委沟通汇报，争取国家层面统筹指导和综合协调成渝地区双城经济圈建设，研究审议重大规划、重大政策、重大项目和年度工作安排，协调解决重大问题，督促落实重大事项。建立健全区（县）层面工作协调机制，探索完善成本共担和利益共享机制，引导各地在产业转移、重大基础设施建设、园区共建等方面加强合作，共建共享产业链、创新链和价值链。完善企业层面的参与机制，强化要素市场化配置机制建设，吸引市场资本参与经济圈建设运营。完善社会层面的协作机制，探索开展多领域跨区域合作的协作机制，最大范围凝聚成渝地区共建合力。

第二节 强化政策保障

深化细化配套政策体系是各项目标任务落实的有力保障。共同争取国家出台成渝地区国土空间规划、西部科技创新中心建设规划、西部金融中心建设规划等重大专项规划。落实好中央关于推动成渝地区双城经济圈建设的任务，共同制定成渝地区双城经济圈建设总体方案，研究出台成渝地区产业发展、科技创新、社会保障、文化旅游、开放平台以及国际物流大通道等配套政策和综合改革措施，共同抓好国际大型展会、公共服务领域协同发展、宣传工作联动等方面的具体合作事项。推动两省（市）“十四五”规划和国土空间规划衔接，抓紧组织编制基础设施互联互通、产业体系互补联动、生态环境联防联控、公共服务共建共享等专项规划。借鉴长江经济带产业基金的运作模式和经验，根据实际需求研究设立成渝地区双城经济圈一体化发展基金。协同加强政策执行考核和绩效评估，督促政策落地落实，及时修正政策执行中的偏差，不断提高政策水平。

第三节 强化项目保障

推动成渝地区建设的当务之急就是要抓好项目建设，推动形成新的增长点。强化项目储备，聚焦交通、产业、创新、环保等领域急需的重大项目进行梳理，布局实施一批重点民生项目，争取国家在成渝地区布局一批高新科技发展与应用的基础设施，不断做深做实项目库、工程包，形成项目滚动推进的良好态势。强化项目招商，坚持专业化、市场化招商，发挥好企业的招商作用，大力引进与重庆资源禀赋相匹配的产业，特别注重引进总部经济以及智能化、信息化建设项目。强化项目调度，把握重要时间节点，加强签约项目跟踪服务，加快在建项目推进建设，及时解决好项目实施中的突出问题，形成抓项目、促发展的良好氛围。

参考文献

［1］习近平．把握新发展阶段，贯彻新发展理念，构建新发展格局［J］．求是，2021（9）：4-11.

［2］陈鸣波．关于长三角一体化发展体制机制建设情况的报告［R］．2019.

［3］国家发展改革委．西部陆海新通道总体规划［EB/OL］．2019.

［4］国家发展改革委．中华人民共和国国民经济和社会发展第十四个五年规划和 2035 年远景目标纲要（辅导读本）［M］．北京：人民出版社，2021.

［5］马晓河．转型中国——跨越“中等收入陷阱”［M］．北京：中国社会科学出版社，2020.

［6］莽景石．战后日本对外开放的政策实践［J］．日本研究，2000（1）：1-8.

［7］赵曜．马克思主义的改革开放思想和我国的改革开放理论与实践［J］．中国浦东干部学院学报，2018（5）：6-11.

［8］杨宇清．对新加坡社会经济发展的几点认识［J］．特区实践与理论，2011（5）：79-83.

［9］习近平．决胜全面建成小康社会　夺取新时代中国特色社会主义伟大胜利［N］．人民日报，2017-10-28（12）.

［10］林兆木．把新发展理念贯穿发展全过程和各领域［J］．学习月刊，2020（12）：9-11.

［11］谢伏瞻．全面建成小康社会的理论与实践［J］．中国社会科学，

2020（12）：4-24.

［12］易小光．大力推动成渝地区双城经济圈一体化发展［J］. 今日重庆，2020（6）：3.

［13］习近平．在庆祝改革开放 40 周年大会上的讲话［N］. 人民日报，2020-12-19（2）.

［14］中共中央，国务院．长江三角洲区域一体化发展规划纲要［EB/OL］. 2019.